京都府・滋賀県の私鉄
昭和～平成の記録

解説 辻 良樹

60型61。60型は、1934(昭和9)年に天満橋～浜大津間を直通する特急「びわこ号」として登場。流線形で、2車体間の連接台車による連接構造、円筒状の貫通路を備え、急曲線の逢坂山越えに対応した。京津線ではダブルポールで運行、京阪本線ではパンタグラフで集電。低床ホームに合わせた乗降扉も備えた。写真はカーマインレッドとマンダリンオレンジの塗色時代。右から表記された戦前からの「びわこ」銘板が見られる。なお、写真右側に写る駅舎は江若鉄道の浜大津駅舎。
◎京津線　浜大津(現・びわ湖浜大津) 1957(昭和32)年9月　撮影：野口昭雄

.....Contents

2章 モノクロフィルムで記録された 京都府・滋賀県の私鉄、公営交通

当時の駅間は日野～水口間。その後、水口松尾駅が新設開業したので、現在の駅間は日野～水口松尾間。水口丘陵を走る500形。写真は丘陵地からの俯瞰だ。写真中ほどに写る窪みは溜池。その手前に未舗装の道があり、現在、その先に踏切が設置されている。一方、500形先頭車の前に写る踏切は現在廃止。日野から水口にかけては湖東平野から水口丘陵へ変わる区間で、日野駅付近までの湖東平野とは打って変わって丘陵地を越える風景になる。近江鉄道全線でトンネルは2箇所。ひとつは、鳥居本～彦根間の佐和山トンネル、もうひとつは、日野～水口松尾間の清水山トンネルで、後者は明治時代建設のトンネル。イギリス積みによる煉瓦造りのトンネルポータルが現役だ。写真左側の奥にトンネルが位置する。
◎本線　日野～水口　1983(昭和58)年9月9日　撮影：安田就視

京阪本線、京阪京津線、近鉄京都線

建設省国土地理院「50,000分の1地形図」

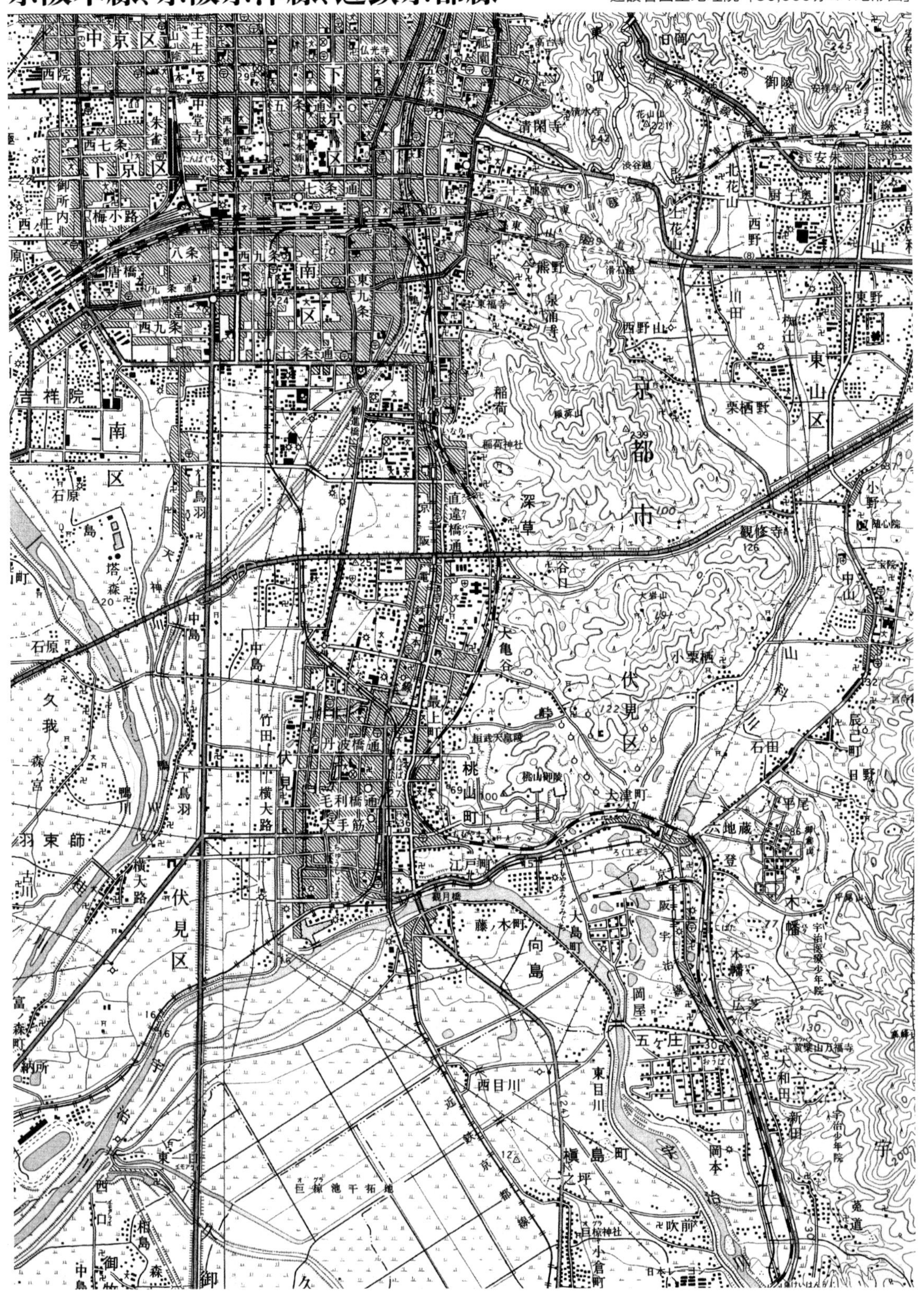

京都駅周辺から南にかけての地図。地図右側に東山区とあり、山科区誕生前。東海道本線山科駅の下に京阪電気鉄道京津線の駅。東海道本線をアンダークロスして北西へ向かい三条に至る。当時はまだ京津三条の駅名ではない。京都市街地の東側に鴨川、その鴨川沿いを走るのが地上時代の京阪本線、東海道本線や東海道新幹線をアンダークロスした京阪本線は国鉄奈良線と並ぶ。京都駅の西側からは近鉄京都線が南下。伏見区に入り宇治川を渡る。

近江鉄道本線、八日市線（八日市周辺）

建設省国土地理院「50,000分の1地形図」

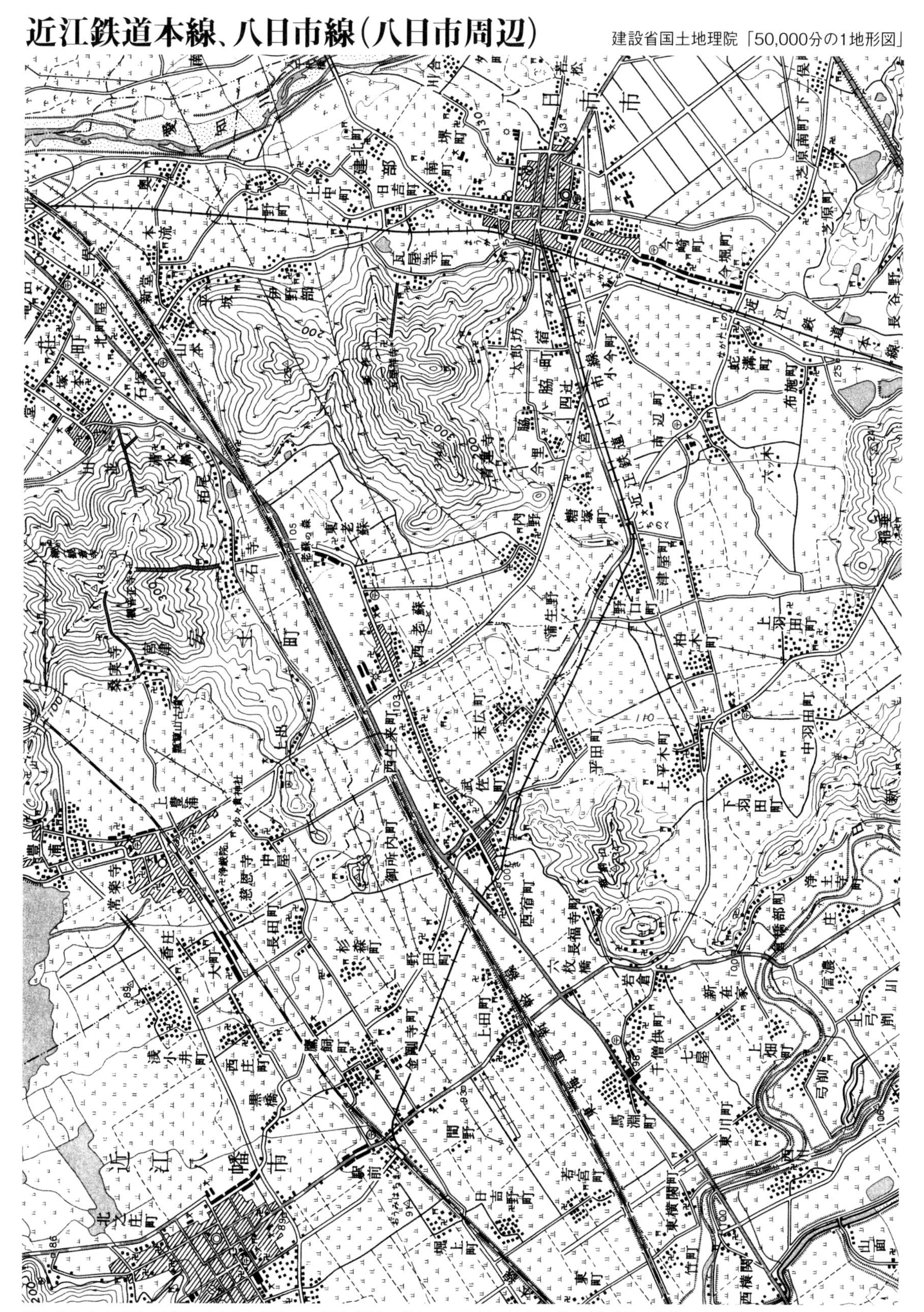

東に八日市市（現・東近江市）の市街地。八日市駅は本線と八日市線が交わる駅。縦が近江鉄道本線で横が八日市～近江八幡間を結ぶ同八日市線。八日市線は大正時代に湖南鉄道として開業。琵琶湖鉄道汽船、八日市鉄道を経て、戦中に近江鉄道と合併。旧八日市鉄道の新八日市駅と近江鉄道の八日市駅は線路が繋がっていなかったが、戦後に両駅を繋ぐ営業路線が開業した。

江若鉄道、京阪石山坂本線（大津市北部）

建設省国土地理院「50,000分の1地形図」

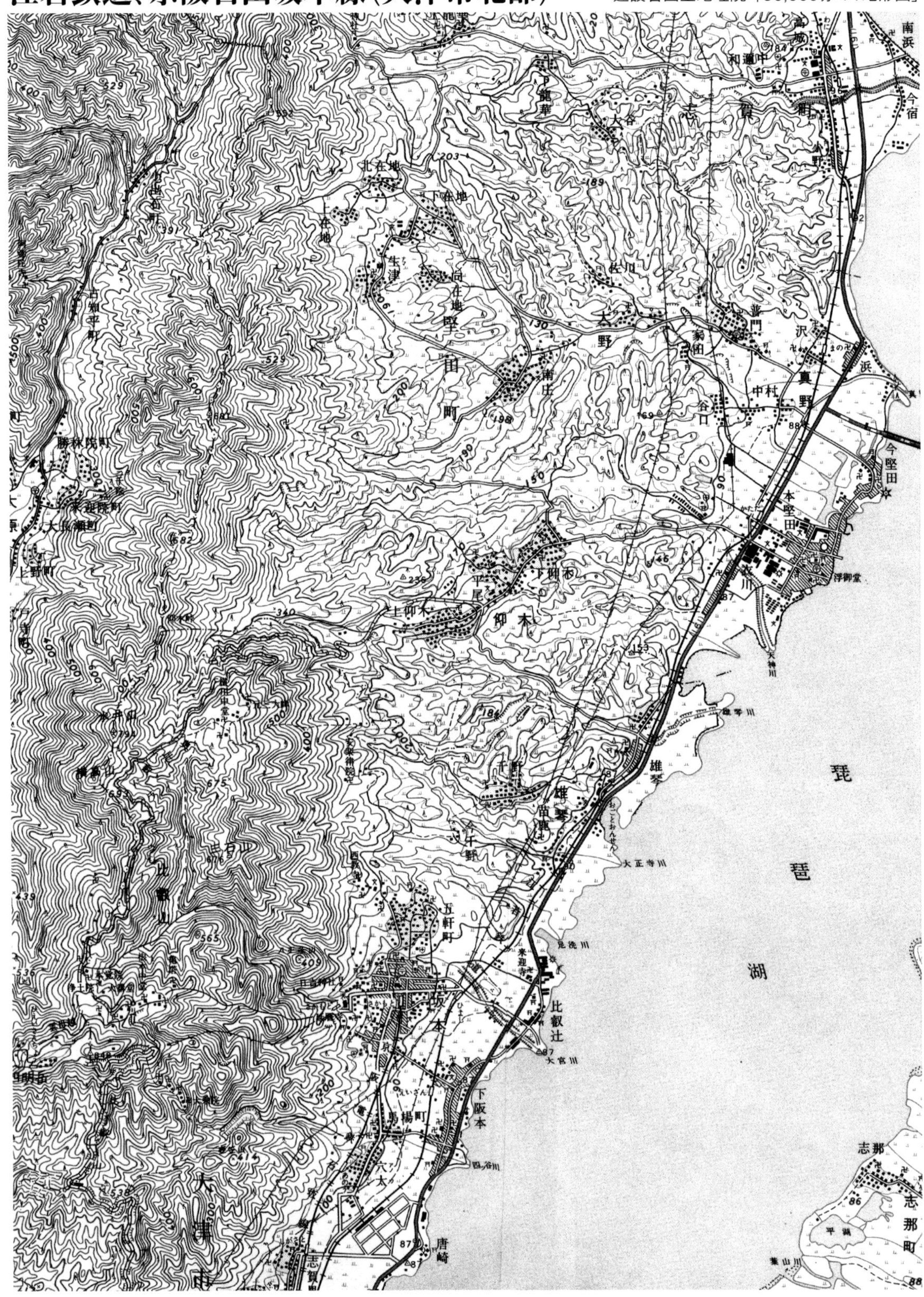

日本最大の湖、琵琶湖。その西岸を走った江若鉄道。地図はその一部。地図下側に比叡山延暦寺の門前町坂本。その坂本を終着とする京阪電気鉄道石山坂本線が江若鉄道の西側を走る。江若鉄道の叡山駅は、後に開業した湖西線の叡山駅（現・比叡山坂本駅）とは異なる位置で、同駅は江若鉄道日吉駅跡に相当する。坂本からは、比叡山延暦寺の根本中堂などへのアクセスとして比叡山鉄道のケーブルカーがある。

近江鉄道本線、多賀線（彦根周辺）

建設省国土地理院「50,000分の1地形図」

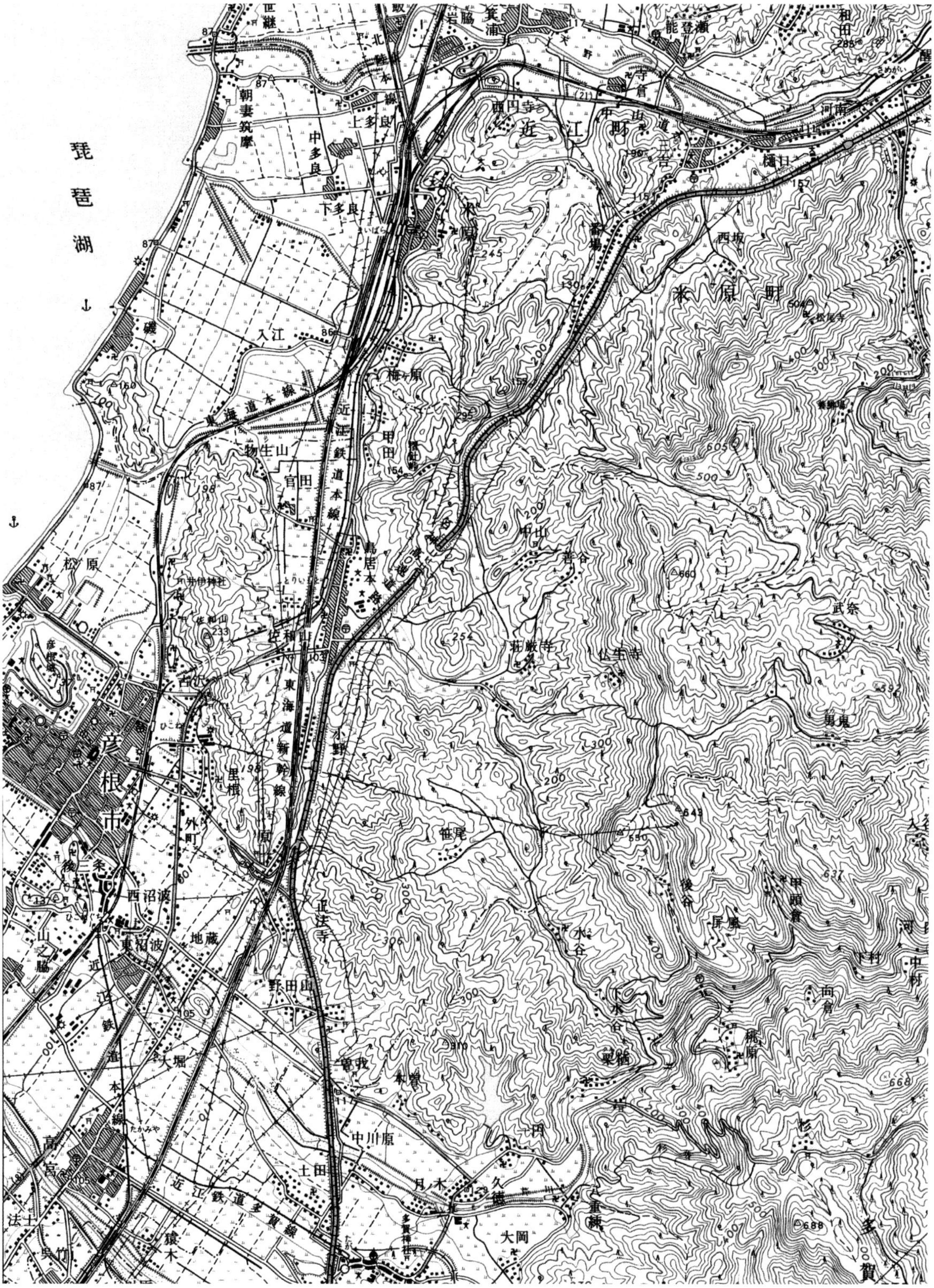

米原駅の南側で東海道本線と分かれた近江鉄道本線はしばらく東海道新幹線と並び、鳥居本駅の先で東海道新幹線をアンダークロスして佐和山トンネルの山越えへ。彦根駅で再び東海道本線と並び、彦根口駅の手前まで東海道本線の複線と並んで線路が３線。地図では縮尺の関係で分かれる位置が彦根口駅の先に見えるが、実際は彦根口駅の手前で東海道本線と分かれて彦根口駅。近江鉄道本線は南東の高宮駅へ進路を変える。高宮駅から分岐の多賀線は東海道新幹線と名神高速道路をアンダークロス。多賀駅構内からは、当時存在したセメント工場への専用線が分岐している。

北丹鉄道

建設省国土地理院「50,000分の1地形図」

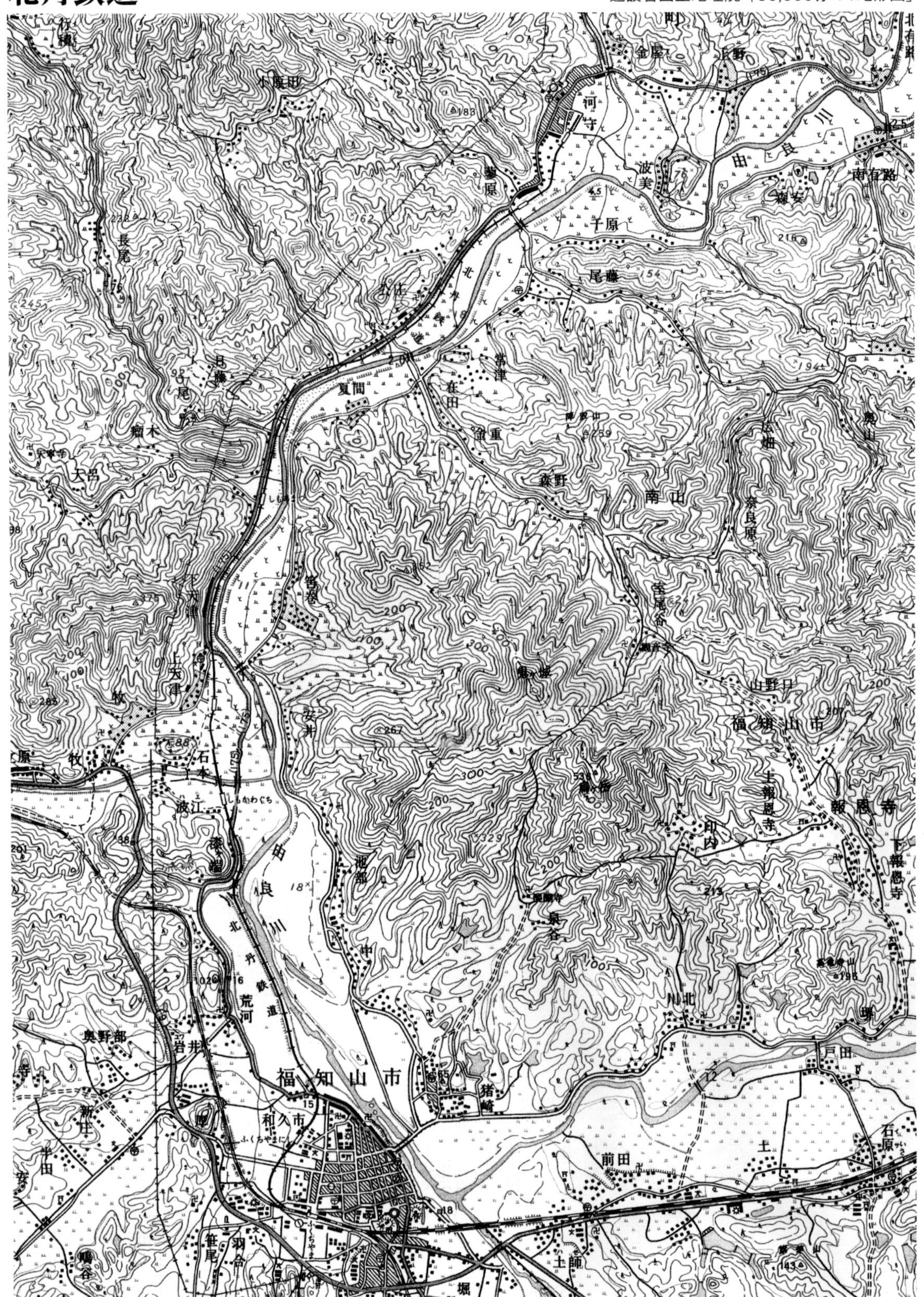

地図下に福知山市の市街地。北丹鉄道が福知山駅から由良川に沿って終着駅の河守まで北上する。由良川の堤防や河川敷を走った鉄道であることが地形図からもよくわかる。由良川の氾濫に悩まされた鉄道であった。北丹鉄道は廃止になったが、現在は京都丹後鉄道宮福線が福知山駅からしばらくJRの山陰本線に沿って北上している。

国鉄宮津線、加悦鉄道(宮津周辺)

建設省国土地理院「50,000分の1地形図」

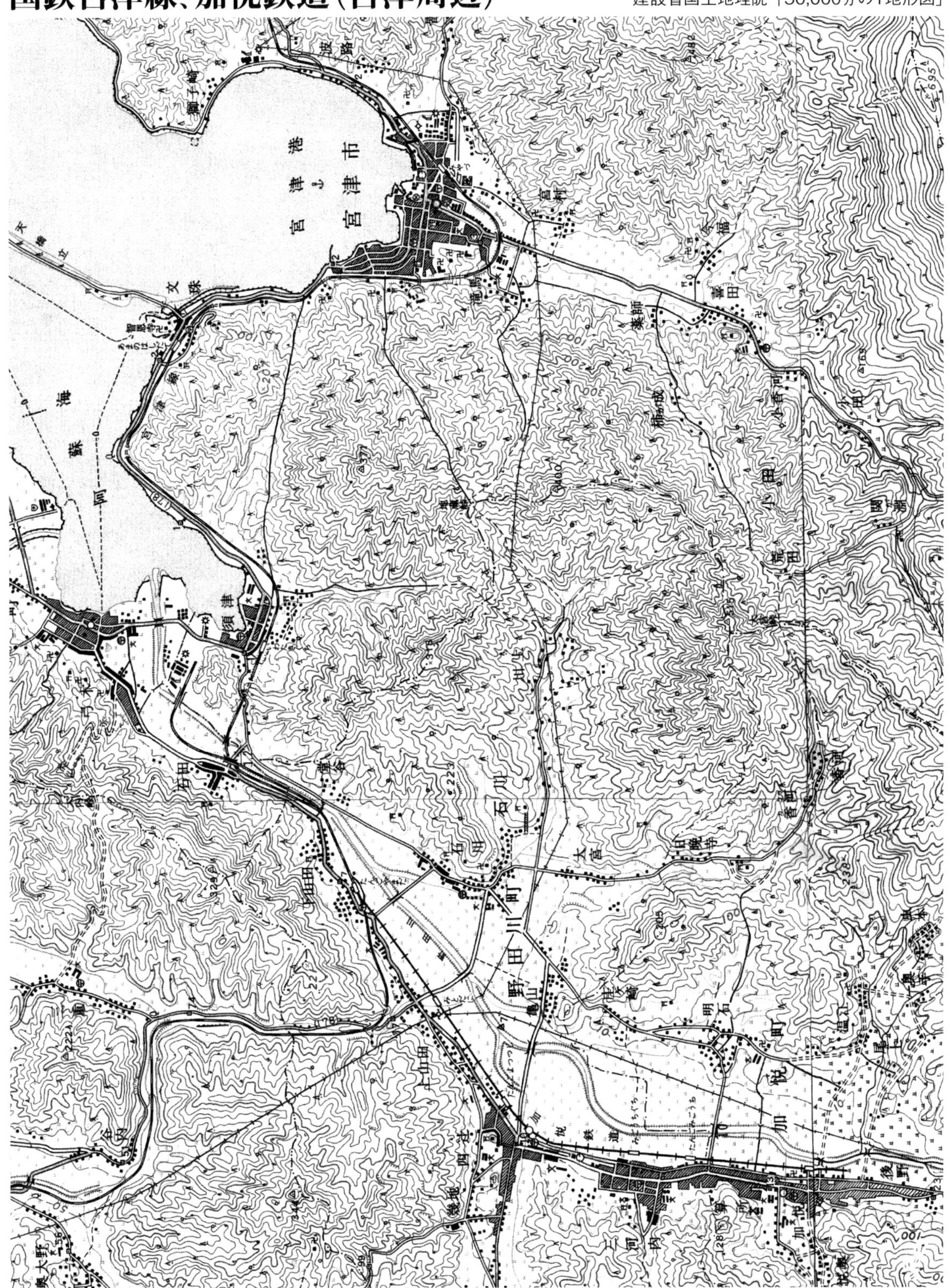

国鉄宮津線はJRの宮津線を経て北近畿タンゴ鉄道へ移管。現在は、京都丹後鉄道の路線。地図東側に宮津市の市街地、北に天橋立駅、西に岩滝口駅があり、天橋立ケーブルカーは北に記載の岩滝の町から北東へ向かったところ。地図西側に野田川町があり、丹後山田駅から加悦鉄道が分岐する。なお、丹後山田駅の北東に日本冶金工業の岩滝工場があり、同駅と工場を結ぶ専用線が記されている。加悦鉄道は、丹後山田駅から南西へ向けて路線が続き、加悦町の加悦駅に至る。地形図を見ると、野田川町や加悦町は、山々が迫る中に拓けた土地だとよくわかり、ここに鉄道を敷設した理由がわかる。現在は加悦町、岩滝町、野田川町が新設合併した与謝野町になっている。

はじめに

京都府と滋賀県の私鉄。京都は大手私鉄が華やかであるのは今更申し上げることではないだろう。一方、京福電気鉄道は都市にありながら、昭和の郊外は長閑なもので、令和の現在と昭和の頃の沿線風景には特に郊外で大きな違いがあり、本書の見どころだろう。京都市ではなく京都府になると、加悦鉄道や北丹鉄道があり、それぞれに個性のあった地方私鉄で、私も少年時代に加悦鉄道に乗ったことがあり、懐かしく解説写真を拝見した。

京都と滋賀は、京滋とも呼ばれて密接な関係にあるが、私鉄で結ばれているのは京阪京津線だけだ。新快速が走るJRが圧倒的に強い。江若鉄道は、JRの湖西線建設で姿を消したが、湖西線同様に京都との関係も深く、夏の湖水浴臨時列車の混雑は語り草になっている。

そこで、滋賀県を代表する私鉄、近江鉄道はというと、日本初の高速路線バスで京都と直通した時代はあったが、本業の鉄道では縁が無く、これが現在の近江鉄道の本線のニーズに大きく影響している、京滋という密接な関係にありながら直通していない。

しかしながら、南海鉄道（現・南海電気鉄道）とともに関西の老舗私鉄であり、明治時代に比較的長い鉄道を開業した歴史は評価されるべきで、宇治川電気傘下の昭和初期にはすでに1500V全線電化を果たし、戦後は多種多様な電車が走ったことも、本書でわかっていただけるかと思う。

今回の写真集では、特に加悦鉄道や北丹鉄道、近江鉄道の写真において、鉄道趣味誌でもあまり見かけない写真もあり、それぞれに写真提供者の皆さんの記録の賜物であると思う。ここに感謝申し上げたい。

2023年11月　辻 良樹

四条通と大宮通が交わる四条大宮交差点付近に位置する。奥が改札口で３面の櫛形ホーム。路面電車の起点駅によく見られた車庫のような駅だった。現在はビルと一体化した駅に櫛形ホームがある。
◎嵐山本線　四条大宮　1961（昭和36）年５月１日　撮影：荻原二郎

1章

カラーフィルムで記録された
京都府・滋賀県の私鉄、公営交通、第三セクター鉄道

丹後の地を走った加悦鉄道。加悦駅はその中心を担った駅。写真のキハ08形は北海道からやってきた道産子の気動車。客車改造の気動車としてファンに人気があった。洋風木造建築の洒落た駅舎が地方私鉄の古き良き時代を感じさせた。
◎加悦　1976（昭和51）年２月22日　撮影：安田就視

近畿日本鉄道

近鉄京都線の前身、奈良電気鉄道（奈良電）は、京阪の丹波橋駅へ乗り入れていた。近畿日本鉄道へ奈良電気鉄道が合併した後は、京阪の丹波橋駅近くの旧奈良電気鉄道堀内駅跡に近鉄の駅が開業したため、京阪の丹波橋駅乗り入れを解消したが、写真当時は京阪の丹波橋駅に発着していた。写真は、京阪の三條（現・三条）発、近畿日本奈良（現・近鉄奈良）行で、デハボ1000形1022。デハボ1000形は、奈良電気鉄道開業時からの電車である。
◎丹波橋　1959（昭和34）年11月21日　撮影：荻原二郎

京都行の近鉄マルーン色旧型車。東寺駅は1939（昭和14）年に駅移設高架化。東寺駅を出ればまもなく京都に到着する。写真奥には撮影年の前年に開業した東海道新幹線が見える。
◎京都線　東寺付近　1965（昭和40）年５月15日　撮影：荻原二郎

写真は奈良電気鉄道（奈良電）時代。撮影年の10月に近鉄京都線になる。60年前の奈良電小倉駅。外側線と内側線による配線だった時代で、駅に停車する電車は外側線、通過する電車は内側線で、外側線は待避線の役目を担い、待避線機能が他の駅へ移ると外側線を撤去してプラットホームになった。
◎奈良電小倉
1963（昭和38）年５月
撮影：髙山禮蔵

高架駅の東寺駅。東寺駅の高架化は早く、奈良電時代の1939（昭和14）年。写真は相対式ホーム２面の東寺駅に8000系モ8046＋ク8546の京都行。8000系は新生駒トンネル開通による大形車の運転区間拡大にともない登場。マルーンレッド単色塗装時代の２両運転。
◎京都線　東寺
1978（昭和53）年３月17日
撮影：日暮昭彦

吉野連絡のマークを付けた特急橿原神宮前行。12410系が1980（昭和55）年に登場、続いて1982（昭和57）年に老朽化していた京都線や橿原線の特急車両を代替する目的で12410系改良型の12600系が登場した。先に登場の12400系とともに両系は明るい車内カラーが印象的でサニーカーと呼ばれた。
◎京都線　京都
1999（平成11）年９月10日
撮影：西原 博

左奥に見えるのが木津川台駅。木津川台駅は1994（平成６）年に開業した駅。写真右側を山田川駅方面の南方へ向かうと、近鉄京都線がJRの片町線（学研都市線）をオーバークロスする。木津川駅へ向かって走る8600系を後追い撮影。8600系は冷房装置を搭載して登場した形式である。
◎京都線　木津川台～山田川
1998（平成10）年11月28日
撮影：安田就視

京都線を走る18400系。手前の線路はJRの片町線（学研都市線）で単線電化。18400系はミニスナックカーと呼ばれた。スナックカーとは、軽食を提供する「スナックコーナー」を設けたからで、18400系にミニが付くのは、18400系と同年に製造された大阪・名古屋線用の12200系がスナックカー（新）と呼ばれ、18400系が車両限界の関係から12200系よりもひと回り幅が狭い車体でミニが付いた。
◎京都線　山田川～木津川台
1998（平成10）年11月28日
撮影：安田就視

京阪電気鉄道

五条大橋と地上時代の京阪本線を走る3000系。1987（昭和62）年に京阪本線は地下化されるが、昭和50年代から地下化工事は行われており、工事の関係で淀屋橋方面のプラットホームが五条大橋の南側（写真右側）へ移っている。元は写真左側の北側にあった。◎京阪本線　五条（現・清水五条）　1985（昭和60）年６月　撮影：安田就視

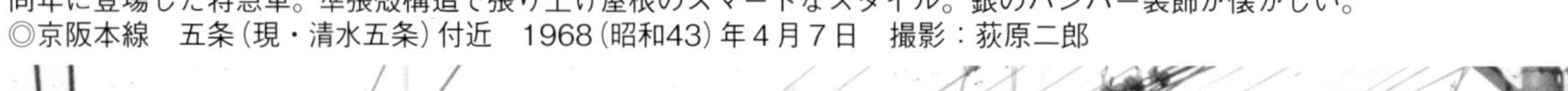

三条を発車して桜並木の疏水沿いを走る特急色時代の1900系。1963（昭和38）年の淀屋橋延伸開業による特急増発のため、同年に登場した特急車。準張殻構造で張り上げ屋根のスマートなスタイル。銀のバンパー装飾が懐かしい。
◎京阪本線　五条（現・清水五条）付近　1968（昭和43）年４月７日　撮影：荻原二郎

三条行の700型。ロマンスカーをロングシート化した格下げ車。写真手前は四条での京都市電との平面交差。今や京阪本線が鴨川沿いを走った地上時代さえ懐かく、さらに市電と交差した時代となると、随分と前のことに思える。写真左側が鴨川。日傘をさす女性の姿が写り、夏の京都の暑さを感じさせる。
◎京阪本線　四条（現・祇園四条）1963（昭和38）年８月28日　撮影：日暮昭彦

鴨川沿いを走った当時の京阪本線。「大阪へ京阪特急」の看板が目立っていた。3000系は京阪特急５代目。テレビカーを連結し、冷房装置完備。写真当時はまだ新型の部類だった。3008は1993（平成５）年に廃車。同時に廃車の3507とともに大井川鉄道へ譲渡され、2014（平成26）年まで運用された。◎京阪本線　四条（現・祇園四条）1975（昭和50）年７月10日　撮影：安田就視

国鉄奈良線の鉄橋をアンダークロスした先にあった宇治駅。現在はJRの奈良線の北側に駅があり、旧駅時代よりも宇治線の路線距離が短くなっている。駅の移転完了は1995（平成７）年。現在の駅も旧駅も頭端式ホームだが、旧駅時代は写真のようにホーム２面で、現在は幅の広いホーム１面。写るのは2000系の急行三条行。現在は線内折り返し運用の宇治線で、写真は京阪本線との直通運転時代である。
◎宇治線　宇治
1973（昭和48）年10月24日
撮影：安田就視（２枚とも）

男山ケーブル（現・石清水八幡宮参道ケーブル）は、石清水八幡宮へアクセスするケーブルカー。トンネル、橋梁、トンネルと続く。被写体の車両は男山山上（現・ケーブル八幡宮山上）から八幡市（現・ケーブル八幡宮口）へ降りる車両で、山上側からひとつ目のトンネルを通った後に橋梁を渡り終えるところ。線路が二つに分かれ、男山山上へ登る車両とすれ違い、山上側から二つ目のトンネルを出たところで再び線路が合流する。ケーブルカーの多くはつるべ式の交走式なので、例えば、右側運行で降りた車両は左側通行で登って行く。つるべ井戸を思い浮かべるとわかりやすい。
◎鋼索線　男山山上～八幡市
2003（平成15）年６月14日
撮影：荻原俊夫

写真左側の滋賀銀行前で京都市電東山線と平面交差して東山三条電停に到着した50型56（２代）。元は50型52。京阪ではかつて形式を形ではなく型としていたが、現在は形。50型52時代の1949（昭和24）年に他の50型とともに四宮車庫の火災で被災。回生制御を搭載した50型55 ～ 58は全て被災廃車となってしまい、50型は52を含む非回生制御車の２両のみが損傷が少なく、この50型２両に回生制御を搭載して復旧した。そのため、回生制御車の車番56を52が受け継ぎ、52から56（２代）へ改番された。◎京津線　東山三条　1955（昭和30）年４月30日　撮影：荻原二郎

時代祭の行列と260型の準急。三条と石山坂本線の石山寺間を直通した準急。時代祭は10月に行われる京都三大祭りのひとつ。写る260型は、マンダリンオレンジとカーマインレッドによる塗り分けの両運転台車。片開き扉の１次車である。次のページ上の写真は、278＋277の編成。片運転台の両開き扉車で3次車。
◎京津線　東山三条付近　1973（昭和48）年10月22日　撮影：安田就視
次のページ上の写真　東山三条付近　1976（昭和51）年１月10日　撮影：日暮昭彦

（この写真の解説は13ページ下を参照）

東山三条方面からやってきた260型が終着へ向けて大きくカーブするところ。260型272は260型の２次車で、１次車の片開き扉から両開き扉へ変更になった。２次車以降の260型は両開き扉で製造。写真当時の三条駅は京阪本線も地上にあり、地下に潜った後とはまた異なる賑やかさがあった。写真の後、1987（昭和62）年には、京阪本線の地下化にともない地上に残った京津線の停留場が京津三条駅へ改称した。◎京津線　三条　1980（昭和55）年１月10日　撮影：安田就視

80型は乗降ステップを備えた路面電車である一方、定速度制御を搭載した高性能な車両であった。写真は、三条～四宮間の運行標識板を付けた80型96＋95の編成。すでに旧字体の三條から新字体の三条へ表記が変更されていた時代。ちなみに、京津線の駅が京津三条へ改称したのは1987（昭和62）年である。80型96＋95を含む80型の94 ～ 96は、従来の80型とは異なり、連結面側の妻面が切妻で製造され、貫通路が当初から付いた。
◎京津線　東山三条　1976（昭和51）年1月10日　撮影：日暮昭彦

蹴上は、京津三条～御陵間の廃止で姿を消した併用軌道の停留場。沿線は電車と桜並木の撮影スポットだった。都ホテルと80形が写る。1986（昭和61）年から京阪は型を形に変更した。80形は各停で主に運用。併用軌道上の停留場ではホールディング式ステップが稼働して乗降した。窓回りが青緑の塗装は80形のための専用塗色。急勾配に対応した高性能で、丸みを帯びたボディラインは従来の旧型車から一新した。◎京津線　蹴上　1989（平成元）年5月　撮影：安田就視

60年近く前の四宮駅の様子。70型72が写る。70型は守口工場と滋賀県の東洋機械興業（東洋レーヨン系）で竣工した車両があり、72は後者。1949（昭和24）年の四宮車庫の火災時には、衝突事故のため東洋機械興業に入場中で難を逃れた。
◎京津線　四宮　1964（昭和39）年５月４日　撮影：荻原二郎

京阪大津線（京津線、石山坂本線）の名物と言えば併用軌道。京津線の一部廃止や地下鉄化で京都市の京津線併用軌道区間は姿を消したが、大津市内ではまだまだ併用軌道を楽しめる。写真は琵琶湖側を背にして逢坂山への坂道を上る800系で京都市営地下鉄東西線へ直通運転。写真の800系は琵琶湖を連想させるパステルブルーの塗色時代。
◎京津線　浜大津（現・びわ湖浜大津）～上栄町　1997（平成９）年11月　撮影：安田就視

浜大津駅が京津線と石山坂本線の統合駅になる前の姿。写真右側が京津線の駅で、300型が直進する方向に石山坂本線の浜大津駅があった。300型はマンダリンオレンジとカーマインレッドの塗装時代。後に若草色とダークグリーンへ塗色変更された。下の写真は三井寺方面へ向かう350型（後追い）。350型の前面横に写るおみやげ店が懐かしい。
◎石山坂本線　三井寺～浜大津（現・びわ湖浜大津）1972（昭和47）年６月７日　撮影：安田就視（２枚とも）

ダブルルーフの古色蒼然とした雰囲気だった200型227。京阪が路面電車から脱皮しようとしていた大正期の息吹を伝えていた。
◎石山坂本線　浜大津（現・びわ湖浜大津）
1955（昭和30）年５月１日
撮影：荻原二郎

石山坂本線を行く石山寺行30型40。30型は、京津線の併用軌道区間対応の低床車で登場したが、後に高床式へ改造されて２両編成で運行された。高床式のため、プラットホームのある駅にしか停車せず、京津線の急行として使用。写真は、石山坂本線転属後で、京津線急行当時の塗色のまま石山坂本線を走っていた頃。
◎石山坂本線
1963（昭和38）年３月24日
撮影：荻原二郎

600形石山寺行。600形は当初から冷房車。移設する前の駅で、現在は背景に写るJR湖西線高架の真下に移転している。また、駅名も写真当時から変更されており、現在の駅名は京阪大津京駅。駅近くにJR湖西線の大津京駅（写真当時は西大津駅）がある。
◎石山坂本線
皇子山（現・京阪大津京）
2002（平成14）年12月
撮影：安田就視

350型。手前に写るのは片運転台車358。ホーム上には運行標識板が並ぶ。350型の台車や機器は、元琵琶湖鉄道汽船100形の京阪800型のものを使用し、琵琶湖鉄道汽船は石山坂本線の前身会社で、100形は同社開業時の電車として竣工した経歴がある。写真奥に比叡山への「ケーブルカーのりば」の案内板が見える。穴太～坂本間は戦中に複線から単線化され、写真当時は単線区間の終着駅だった。後の再複線化の際には、プラットホームの位置をややずらして整備された。
◎石山坂本線
坂本（現・坂本比叡山口）
1973（昭和48）年10月23日
撮影：安田就視

石山坂本線の唐橋前～石山寺を行く300型。奥に見える陸橋は名神高速道路。300型は急行・準急用として投入された形式だが、石山坂本線では各停でも走った。２灯のシールドビームを備え、片運転台の両開き扉。ウィンドウシルがなく、すっきりしたスタイルだった。
◎石山坂本線
唐橋前～石山寺
1976（昭和51）年１月10日
撮影：日暮昭彦

阪急電鉄

京都線用の２形式。撮影名所の桂川を渡る京都線用特急形の6300系。6300系は1975（昭和50）年に登場し、翌年に鉄道友の会のブルーリボン賞を受賞した。アイボリーのラインがトレードマーク。下の写真は5300系。5300系は乗り入れ先の大阪市営地下鉄堺筋線の車両に合わせた車体寸法で設計された。
◎京都線　西京極～桂　1980（昭和55）年１月13日　撮影：安田就視（２枚とも）

阪急京都線の元は新京阪線。新京阪時代を連想させたP-６形式の1500形1517が写る。行先は十三。写真は、京阪神急行電鉄から阪急電鉄へ変わる前年の撮影。河原町駅は延伸により1963（昭和38）年に開業した駅。現在は京都河原町駅へ改称している。◎京都線　河原町（現・京都河原町）　1972（昭和47）年３月15日　撮影：日暮昭彦

渡月橋の南東に位置する嵐山駅。撮影年の４月に京阪神急行電鉄から阪急電鉄に。もっとも、京阪神急行電鉄時代も阪急と呼ばれていたので、変化を感じる人は少なかっただろう。阪急の嵐山駅は、阪急嵐山と呼ぶ人が多い。
◎嵐山線　嵐山　1973（昭和48）年10月23日

近江鉄道

近江鉄道の頭端式ホームに停車するのは、宇治川電気傘下時代に導入のデハ１形デハ５。デハ１形は、昭和初期に近江鉄道が1500Ｖ昇圧した時に導入。デハ１形の車体は、現在の山陽電気鉄道の明石以西を開業した神戸姫路電気鉄道の高規格用電車１形の車体で、兵庫電気軌道と神戸姫路電気鉄道を買収合併した宇治川電気の電鉄部より譲り受けた。神戸姫路電気鉄道１形は新製からまだ年数が経過しておらず、本来ならば兵庫～姫路間を駆けるところだったが、兵庫電気軌道が開業した路線の車両限界などにより運転できずに用途を失っていた。当時の近江鉄道は、滋賀県に電力供給を行っていた宇治川電気の傘下で、1500Ｖの電鉄へ生まれ変わった近江鉄道へ１形の活躍を委ねた。なお、宇治川電気電鉄部の独立によって発足した山陽電気鉄道と近江鉄道は、戦中に近江鉄道が箱根土地（西武グループの基盤を作った企業）傘下になるまで兄弟会社であった。デハ１形の背景に写るのは、荘厳な洋風建築だった時代の駅舎。その後、重厚な造りの屋根は無くなったが、下の部分は駅移転まで長く使用された。◎本線　米原　1958（昭和33）年８月11日　撮影：荻原二郎

山吹色にグレーのラインが入った新塗装の１形。１形は「近江形」と呼ばれ、500形の「新近江形」とともに当時の主力電車（両形とも吊り掛け駆動）。旧型の機器を流用して車体を新製。湘南型の２枚窓で２扉車。裾絞りのない真っ直ぐな車体が素朴な印象だった。現在の米原～鳥居本間にはフジテック前駅がある。
◎本線　米原～鳥居本　1986（昭和61）年11月　撮影：安田就視

元東急のデハ3150形で、川崎造船所製のモハ200（201）形モハ201＋モハ202（ともに2代目）。背の高い屋根部分が川崎造船所製らしい。モハ201＋モハ202の他に、元東急デハ3150形中間車のサハ101も在籍したが、中間車なしの2両編成で事足りることが多かった。モハ200（201）形側のホームは国鉄との共用ホームで、写真右側が近江鉄道のホーム。
◎本線　彦根　1967（昭和42）年9月11日　撮影：荻原二郎

ED14形は、大正末期に輸入された米国のゼネラル・エレクトリック社製。GE社製と略称される。国鉄ED14形4両全てが近江鉄道に集結していた。田の字のような側面窓が特徴だが、写真のED144の被写体側は田の窓が残っていない側で、反対側の一部には田の窓が残る。近江鉄道でのED14形の運用可能範囲は、米原～高宮間、高宮から分岐する多賀線とセメント工場への専用線までで、他の線区は軸重制限の関係で運行不可だった。写真のED144は貨物輸送廃止後も平成まで構内機としてのほか、ホキによる工事列車やイベント電車の牽引を行い、運用が減った頃に茶系のぶどう色へ塗り変えられ、高宮駅で開催当時のガチャコンまつりで展示公開され、彦根駅構内に屋外のミュージアムが開館すると、そちらで常設展示公開されていた。現在は他のED14形とともに解体されて現存しない。
◎本線　彦根　1978（昭和53）年9月23日　撮影：荻原二郎

モハ9＋クハ1208による貴生川行が到着。下の写真はその振り向きでクハ1208側。国鉄彦根駅のプラットホームから撮影。武蔵野鉄道以来の西武の鋼体車体に載せ替えた車両。モハ9の元は、1928（昭和3）年の彦根〜貴生川間全線電化時に導入されたデハ１形。神戸姫路電気鉄道1形由来の車歴である。
◎本線　彦根　1981（昭和56）年８月10日　撮影：日暮昭彦（２枚とも）

郵便の〒マークを明示したモユニ11。明治時代から開始された近江鉄道の鉄道郵便。最後の近江鉄道の鉄道郵便車両がこのモユニ11。京王1700形の車体を載せて両運転台化してモハ204となった後、モユニ10形に代わる郵便荷物車へ改造されてモユニ11になった。◎本線　彦根　1981(昭和56)年8月10日　撮影：日暮昭彦

モハ200形202＋クハ1200形クハ1202による貴生川行。小田急1600形の車体を載せた小田急顔の近江鉄道。現在の近江鉄道の在籍電車は、西武鉄道の車両改造車だけだが、かつては西武以外の私鉄からも譲渡を受けていた。写真奥が彦根、彦根口方面で、手前が高宮、八日市方面。写真手前の先で国道8号をアンダークロスする。貴生川行は八日市を経てさらに南へ走り、水口町(現・甲賀市)の貴生川へ達する。◎本線　彦根口～高宮　1980(昭和55)年8月21日　撮影：安田就視

雪景色の愛知川橋梁を渡り、五箇荘駅へ向けて走る旧塗装時代の500形八日市行。初代「近江形」の１形は２扉車で、前面は湘南型２枚窓の非貫通だったが、「新近江形」と呼ばれた500形は貫通扉を備え、側面３扉車となった。後に山吹色の塗装となり、20m級の800形が増備されるまで主力車として運用された。
◎本線　愛知川～五箇荘　1977（昭和52）年２月３日　撮影：安田就視

島式ホームに停車するモハ131形モハ132で米原行。131形は類似の１形とは異なり、パンタグラフが米原方先頭車に付く。また、モハ132＋クハ1215は、同形のモハ131＋クハ1214よりも早くに登場した湘南窓タイプで、前照灯が運転窓下に２箇所、行先表示器が付き、他の同形と異なる特徴だったが、後に前照灯は運転台上の1箇所へ改造、行先表示器は撤去された。
◎本線　八日市　1965（昭和40）年５月16日　撮影：荻原二郎

八日市駅以南の本線の駅で、八日市駅のひとつ先。中心市街地から離れたところで、ほぼ現在も変わらない風景。ホームに沿って立つ冬枯れの木は桜で、春には桜と電車の撮影スポットとなり、地元では知られている。写真右側の向うに踏切があり、写真はそこへの道から撮影。湘南型２枚窓のモハ１形とホームで待つ子どもなどが写る。◎本線　長谷野　1974（昭和49）年1月8日　撮影：安田就視

当時の駅間は水口石橋〜貴生川。水口城南は未開業。１形モハ６＋クハ1218が写る。早くに車体広告を採り入れた私鉄で、さらに古い旧型車時代は、沿線の行楽案内や催しものを宣伝する板を枠に差し込んで走っていた。現在、甲賀市水口町には水口松尾、水口、水口石橋、水口城南、貴生川の各駅があり、うち４駅に水口の名が見られる。水口松尾駅は郊外の新興住宅地付近に位置し、1989（平成元）年開業。水口駅は開通当初からの駅ではあるが、中心地から離れた立地。水口石橋駅は1957（昭和32）年開業で、旧東海道近くの旧来からの商店街に近い駅。水口城南駅は水口松尾駅と同じく1989（平成元）年開業。城南という駅名が示すとおり、水口城跡がすぐで、県立水口高校や甲賀市役所が近い。
◎本線　水口石橋〜貴生川（当時の駅間）　1980（昭和55）年８月21日　撮影：安田就視

昭和40年代の貴生川駅。写真左側は草津線で、当時の草津線では蒸気機関車牽引列車が活躍していた。草津線は、関西鉄道（後に国有化）が同社初の路線として開業した歴史があり、明治時代の開業。近江鉄道も明治時代の開業で、ともに歴史がある。近江鉄道は南海鉄道（現・南海電鉄）とともに関西の老舗私鉄で、明治時代から鉄道郵便輸送を開始した。写るのはモユニ10形。元武蔵野鉄道の西武モハ232を両運転台化し、郵便荷物車へ改造。郵政省が管理した車両であった。
◎本線　貴生川　1967（昭和42）年５月２日　撮影：荻原二郎

米国ゼネラル・エレクトリック(GE)社製ED14形が牽引する石灰石輸送列車。多賀の山中のセメント工場へ向かうセキが連なる。写真は、空のセキを牽引して多賀駅へ向かうシーンで、多賀駅から先のセメント工場専用線へ入線した。
◎多賀線　高宮～多賀(現・多賀大社前) 1981(昭和56)年1月20日　撮影：安田就視

キリンビール工場の出荷物を積載して専用線を行くD35形D340＋ワム。写真は多賀駅へ入る直前で、多賀線と専用線の分岐点付近。写真手前側に名神高速道路がありアンダークロスする。専用線の跡は現存し、横の道とともにカーブしている。
◎多賀線　多賀(現・多賀大社前) 1981(昭和56)年1月20日　撮影：安田就視

現駅舎の２代前の駅舎。現駅舎の１代前の駅舎が完成した後も解体されずに残り、平成初期まで建物が残っていた。写真は、案外少ない現役駅舎時代で、特にカラー写真は貴重である。売店には、コカ・コーラやスプライト、オロナミンCの看板が見られる。◎多賀線　多賀（現・多賀大社前）1973（昭和48）年10月25日　撮影：安田就視

頭端式ホームの駅は、お多賀さんと呼ばれて親しまれる多賀大社の最寄り駅。駅名も多賀大社前駅へ改称。写真右奥に見えるのは旧駅舎で、工事は現在の駅舎建設とプラットホーム増設に関するもの。現在はこの増設されたプラットホームに通常発着する。西武ライオンズカラーの電車は自社工場製の220形で、台枠や機器は旧車から流用し、車体や扉は廃車体を取り合わせて３扉車化した。台車は比較的近代的なもの。なお、冷房車としては気動車のLEカーに続き、近江鉄道初の冷房付電車となった。◎多賀線　多賀大社前　2002（平成14）年９月22日　撮影：安田就視

八日市と近江八幡を結ぶ八日市線。同線は、元は湖南鉄道が開業し、琵琶湖鉄道汽船、八日市鉄道と経営が移り、戦中に近江鉄道の路線になった。背景の山は太郎坊山で、勝運祈願や大岩の夫婦岩で知られる太郎坊宮がある。写真は50年近く前の沿線風景。現在は田畑の一部が残るものの建物の増加で写真当時とは雰囲気が異なる。八日市線と太郎坊山は他の駅間でも撮影でき、現在はそのほうが撮りやすい。
◎八日市線　新八日市～太郎坊（現・太郎坊宮前）1974（昭和49）年１月８日　撮影：安田就視

国鉄近江八幡駅に隣接する。近江鉄道八日市線から国鉄へ乗り換えて京都や大阪方面へ通勤する流れは、JRになった今も同じ。近江鉄道は戦中に箱根土地の傘下に入り、西武鉄道と密接になり、西武鉄道と同様の塗色に。写真は西武赤電に似た湘南型2枚窓の1形。同じく湘南型２枚窓の131形はパンタグラフが米原寄りに付くが、1形は貴生川、近江八幡方に付き、現在の車両に受け継がれるパンタ位置である。駅が所在する近江八幡市は1954（昭和29）年に蒲生郡八幡町と近隣の村々が合併して誕生。その際に駅名と同じ近江を付けた近江八幡市にした。
◎八日市線　近江八幡　1965（昭和40）年５月16日　撮影：荻原二郎

信楽高原鐵道

国鉄信楽線時代で、キハ35＋キハ58系の３両編成。貴生川〜雲井間は山越えで急勾配。蒸気機関車時代は難所で、ディーゼルカーになった後もエンジンを唸らせながら登った。貴生川〜雲井間は貴生川駅付近を除いて撮影に適したポイントが少ないが、この場所はサイド気味でも撮影できる好撮影地である。
◎貴生川〜雲井
1981（昭和56）年８月20日
撮影：安田就視

国鉄信楽線時代の信楽駅。左に写るのは旧駅舎。1933（昭和８）年に信楽線の開業によって終着駅として開業。戦中には不要不急線となり休止したが、戦後に再開した。その際には剥がされて無くなっていた枕木を町の山林から切り出した木材で補ったという。国鉄赤字路線ではあったが、町長をはじめとした存続運動がマスコミでもよく取り上げられていた。
◎信楽　1981（昭和56）年８月20日　撮影：安田就視

第二セクター転換時に開業した玉桂寺前駅は木開業で、信楽駅を発車すると次は勅旨駅だった。両運転台でエンジン２基搭載のキハ53が写る。貴生川～雲井間には、現在も33‰の急勾配があり、エンジン音を唸らせながら勾配を上る。そのため、国鉄時代には、エンジン１基のキハ23ではなくキハ53が投入されていた。
◎信楽～勅旨　1980(昭和55)年１月９日　撮影：安田就視

国鉄信楽線は貴生川を発車すると急勾配へ挑み、峠を越えると平坦地へ出る。雲井～勅旨間はその平坦地での撮影に適した区間。写真はやや集落に近い場所での撮影。現在、滋賀県の鉄道で唯一の非電化路線が、国鉄信楽線を転換した信楽高原鐵道だ。◎雲井～勅旨　1981（昭和56）年８月20日　撮影：安田就視

信楽と言えば信楽焼が知られ、タヌキの置物も有名。町には窯元や販売店が多い。キハ35＋キハ58系による普通列車。キハ35は写真の反対側面にトイレ窓がある。◎雲井～勅旨　1981（昭和56）年８月20日　撮影：安田就視

国鉄分割民営化が撮影年の1987（昭和62）年４月。そして、同年７月に第三セクター鉄道信楽高原鐵道へ転換した信楽線。写真は同鉄道開業に備えて製造されたSKR200形で初期の塗装。写真は雲井～勅旨間の勅旨寄り、国道307号から大戸川をはさんで撮影したもの。現在は川の向こうに並木が植えられ、写真のように撮れなくなった。
◎雲井～勅旨　1987（昭和62）年７月　撮影：安田就視

山間の遅い紅葉の時期を走るSKR200形＋SKR300形の２連。２両目のSKR300形は、1995（平成７）年12月に導入。信楽高原鐵道衝突事故の教訓を元に製造され、油圧バンパーを正面に装備する。現在は紀州鉄道で運用。
◎勅旨～雲井　1998（平成10）年11月29日　撮影：安田就視

嵯峨野観光鉄道

嵯峨野観光鉄道は、日本民営鉄道協会に加盟するJR西日本の子会社。保津峡に沿った山陰本線の旧線跡を活用した観光鉄道で、トロッコ嵯峨～トロッコ亀岡間を結ぶ。写真は紅葉の景色を走るDE10形＋トロッコ列車。客車はトキ25000形貨車から改造。機関車次位はオープン車両の「ザ・リッチ」。下り列車のトロッコ亀岡行ではDE10が最後尾になり、SK200形客車で制御する。◎トロッコ保津峡～トロッコ嵐山　2003（平成15）年11月19日　撮影：安田就視

京福電気鉄道

西大路通に敷かれた京都市電との平面交差を行くモボ101形101。同車は1970年代に新製車体に載せ替えて更新した。
◎嵐山本線　三条口（現・西大路三条）付近　1970年代　撮影：荻原二郎

京都市電の西大路三条停留場付近には、京福電気鉄道嵐山本線（嵐電）の三条口（現・西大路三条）駅があり、交差点で嵐電と京都市電が平面交差した。京都市電廃線後も嵐電は京都の路面電車として走り続けている。
◎嵐山本線　三条口（現・西大路三条）付近　1976（昭和51）年１月10日　撮影：日暮昭彦

三条通を走るポール集電時代のモボ301形で四条大宮行。モボ301形は1971（昭和46）年にデビュー。後にポール集電からZ型のパンタグラフになった。背景に写るのは薩摩藩の家紋「丸に十文字」を掲げる島津製作所。農村だったこのあたりの工業地帯化を担った。◎嵐山本線　三条口（現・西大路三条）付近　1972（昭和47）年5月8日　撮影：荻原二郎

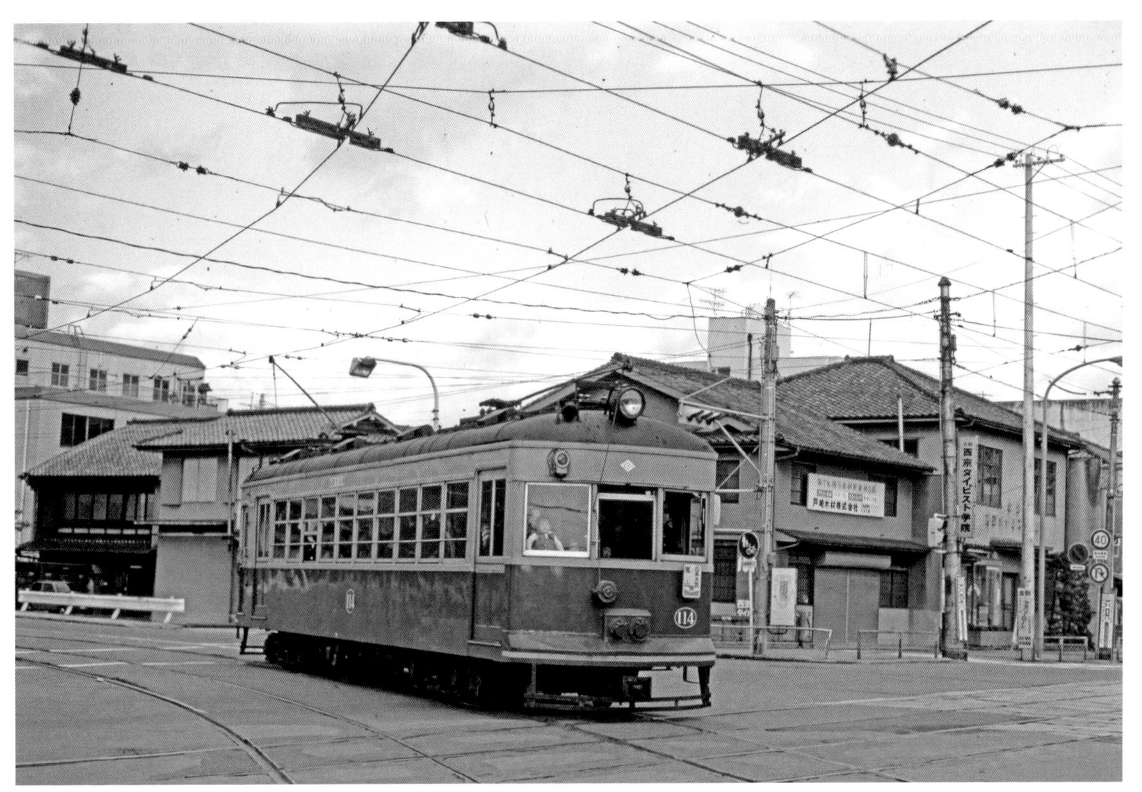

電停すぐのところで京都市電との平面交差。写真は西大路通を横切るモボ111形114。一方、京都市電も電停の目の前で三条通を横切った。京都市電の電停名は西大路三条だが、当時の京福の駅名は三条口で、平成後期に西大路三条へ改称されるまでそのままだった。◎嵐山本線　三条口（現・西大路三条）付近　1975（昭和50）年11月16日　撮影：荻原二郎

車体更新前のモボ101形や同様車体のモボ111形、モボ121形が走った当時の嵐電。写真はモボ111形113の四条大宮行。単車運転だが、連結運転に備えて連結器を付けている。下の写真は、試験的に赤紫色に塗られたモボ101形106。撮影地は、嵐山本線の撮影名所で、広隆寺の楼門前。広隆寺は太秦にあることから、別名、太秦広隆寺と呼ばれる。
◎嵐山本線　太秦（現・太秦広隆寺）付近　1956（昭和31）年５月４日　撮影：荻原二郎（２枚とも）

広隆寺楼門と嵐電。嵐電と京都らしい景観を撮影したい場合に、沿線で最もポピュラーな撮影地。広隆寺は太秦広隆寺の別名で呼ばれ、太秦駅から太秦広隆寺駅へ改称されている。モボ101形106の嵐山行。モボ101形は車体更新前の車両。
◎嵐山本線　太秦（現・太秦広隆寺）付近　1972（昭和47）年６月７日　撮影：安田就視

帷子ノ辻駅は嵐山線と北野線の接続駅。木材が並ぶ風景の横をポール集電が擦れる音を出しながら四条大宮へ向かうシーン。
◎嵐山本線　帷子ノ辻付近　1972（昭和47）年６月７日　撮影：安田就視

連結運転を行うモボ111形116で嵐山行。嵐山駅のひとつ手前。嵐山電車軌道開業時に、京都鉄道国有化後の嵯峨駅（現・JR西日本嵯峨嵐山駅）に近いことから嵯峨停車場前として開業。その後、嵯峨駅前駅へ改称し、現在は嵐電嵯峨駅である。
◎嵐山本線　嵯峨駅前（現・嵐電嵯峨）1972（昭和47）年５月７日　撮影：荻原二郎

嵐山駅の俯瞰気味の写真で３面３線であることがよくわかる。四条大宮行が発車したところ。
◎嵐山本線　嵐山　1972（昭和47）年６月７日　撮影：安田就視

昔日の嵐山駅舎。風格のある建物で、まるで別荘のような佇まいだった。翌年、嵐山レディースホテルが駅に併設された。
◎嵐山本線　嵐山　1973（昭和48）年10月23日　撮影：安田就視

古風な佇まいの駅舎に頭端式のホームが並ぶ。真ん中のプラットホームの幅が広く、観光地の駅らしい。
◎嵐山本線　嵐山　1973（昭和48）年10月23日　撮影：安田就視

302

叡山本線の一乗寺駅。デナ500形デナ506。デナ500形は元阪神831形で、写真の前年にあたる1964（昭和39）年に譲渡を受けた。写真右側に狸谷不動尊下車駅の案内が写り、狸谷山不動院のこと。宮本武蔵が滝行を行ったことでも知られ、駅東方の山中に位置する。◎叡山本線　一乗寺　1965（昭和40）年５月14日　撮影：荻原二郎

デナ１形１の貴重なカラー写真。◎叡山本線　八瀬（現・八瀬比叡山口）1955（昭和30）年５月１日　撮影：荻原二郎

叡山本線の終着駅。櫛形ホームにドーム屋根の八瀬駅を発車したデオ200形デオ203ほか。1951（昭和26）年製で、写真はポール集電時代の姿。デオ200形は京阪線直通を想定して設計され、将来を見据えて製造当初からパンタグラフ台を設けていた。
◎叡山本線
八瀬（現・八瀬比叡山口）
1955（昭和30）年5月1日
撮影：荻原二郎

1970年代の駅舎の様子。現在も現役の駅舎で、開業当時の面影を今に伝えている。比叡山への叡山ケーブル乗換駅で、写真当時は八瀬遊園も近くにあった。八瀬遊園は、プールや水族館のある施設だったが、現在は閉園している。
◎叡山本線
八瀬遊園（現・八瀬比叡山口）
1973（昭和48）年10月23日
撮影：安田就視

ドーム屋根が優雅な山中の駅。櫛形ホームだが、駅舎は終端部ではなく、写真左側に位置する。元阪神831形のデナ500形が写る。集電装置はシングルポールへ交換して走った。駅名は1965（昭和40）年に八瀬から八瀬遊園へ改称。現在は八瀬比叡山口駅である。駅名改称が続いたが、駅舎やホームは昔ながらの佇まいを残す。
◎叡山本線
八瀬遊園（現・八瀬比叡山口）
1973（昭和48）年10月23日
撮影：安田就視

農村風景だった岩倉～木野間。現在は沿線に住宅が並ぶ。架線柱が複線分であるのに単線だった時代。戦中の供出で単線化され、そのままだった頃の様子。1990（平成２）年に再び複線化されるまで単線だった。デオ300形302で出町柳行。1959（昭和34）年新製車でカルダン駆動である。◎鞍馬線　岩倉～木野　1972（昭和47）年６月　撮影：安田就視

1面1線の貴船口駅を発車したデオ200形203。駅名が示すとおり貴船神社への下車駅だが、神社までは遠い。
◎鞍馬線　貴船口　1975（昭和50）年７月４日　撮影：安田就視

鞍馬寺への下車駅で、ホーム１面２線の奥に寺院風の駅舎が写る。叡山線や鞍馬線の雰囲気に合っていた古風なデナ21形。勾配線区用のデナ121形同様に発電ブレーキを後付けしていた。現在は全車廃車されているが、デナ21形21の前面を含む先端部分と動輪が鞍馬駅前に展示されている。
◎鞍馬線　鞍馬
1973（昭和48）年10月23日
撮影：安田就視

1925（大正14）年12月に京都電燈が鋼索線を開業。その後、京福電気鉄道の経営になり戦中に休止。戦後に再開した。叡山ケーブルと呼ばれる。写真は西塔橋〜四明ヶ嶽間を結ぶ２（２代目）。新車に変わる前だと思われる。西塔橋駅と四明ヶ嶽駅は1965（昭和40）年にケーブル八瀬遊園駅とケーブル比叡駅へ改称。ケーブル八瀬遊園駅は現・ケーブル八瀬駅である。
◎鋼索線　西塔橋（現・ケーブル八瀬）〜四明ヶ嶽（現・ケーブル比叡）1955（昭和30）年５月１日　撮影：荻原二郎

高低差日本一の京福電気鉄道鋼索線（叡山ケーブル）。滋賀県側の比叡山鉄道の坂本ケーブルが、撮影の前年に伊香保ケーブル鉄道が廃止になったことで路線距離日本一になり、比叡山の東西で日本一になった。写真の車両は1955（昭和30）年製の３代目。◎鋼索線　ケーブル八瀬遊園（現・ケーブル八瀬）1967（昭和42）年５月８日　撮影：日暮昭彦

1928（昭和３）年に京都電燈により叡山空中ケーブルが開業。戦中の廃止を経て、1956（昭和31）年７月に京福電気鉄道が叡山架空索道（現・叡山ロープウェイ）を開業した。四明駅は後にロープ比叡駅へ改称。ロープウェイの眼下に写るのは蛇ケ池遊園地。写真と同年に比叡山山頂に比叡山頂遊園地が開園した。
◎四明（現・ロープ比叡）～比叡山頂　1959（昭和34）年11月23日　撮影：荻原二郎

叡山電鉄

900系で愛称は「きらら」。叡山本線から分岐する鞍馬線の沿線は鞍馬、貴船の紅葉が有名で、そうした観光客需要に応える車両として登場。前面、側面ともに窓のスペースを大きくし、車窓眺望に配慮したスタイルである。駅名の茶山は、付近に別荘を構えていた豪商の茶屋四郎次郎にちなむ名。◎叡山本線　茶山　2004（平成16）年5月8日　撮影：安田就視

叡山電鉄は、京福電気鉄道からの分社化で発足。その後、京阪電気鉄道の完全子会社となった。800系は叡山電鉄設立後の1990年代に順次登場した形式。京阪鴨東線開業により出町柳駅が京阪との接続駅になり乗客が増加したため。左右非対称の前面が特徴で、片運転台車の2両編成である。◎叡山本線　出町柳付近　2004（平成16）年5月8日　撮影：安田就視

京都市営地下鉄

10系1108。1981（昭和56）年、京都市営地下鉄烏丸線北大路～京都間が開業した。その後、近鉄京都線との相互直通運転開始や国際会館駅への延伸が行われた。なお、烏丸線開業当時からの形式10系は今も現役である。
◎烏丸線　北大路　1981（昭和56）年８月９日　撮影：日暮昭彦

北近畿タンゴ鉄道

軽快気動車のKTR700形やKTR800形は同形車両で、宮津線の北近畿タンゴ鉄道への移管に備えて1989（平成元）年12月と翌年1990（平成２）年に製造された。写真は宮津と福知山を結ぶ宮福線の牧川を渡るシーン。宮福線は宮福鉄道として1988（昭和63）年に開業。翌年に北近畿タンゴ鉄道宮福線になった。
◎宮福線　牧～荒河かしの木台
1990（平成２）年12月14日
撮影：安田就視

第三セクター鉄道の宮福線を走るキハ58系。キハ58系なので一見するとJRローカル線のようなシーン。北近畿タンゴ鉄道線内は快速「みやづ」として運転、大阪～福知山間は急行「みやづ」として運転した大阪～天橋立間の列車だった。
◎宮福線　喜多～辛皮
1994（平成６）年４月28日
撮影：安田就視

宮津線を行くJRのキハ181系特急「あさしお」で京都行。特急「あさしお」には、京都〜城崎間を舞鶴線、北近畿タンゴ鉄道宮津線経由で結ぶ列車もあった。なお、写真当時ではないが、宮津線経由の城崎行特急「あさしお」では、先に京都を発車したのに、舞鶴線、宮津線を迂回しない後発の特急「あさしお」に抜かれてしまう列車が昔あった。
◎宮津線(現・宮舞線)　丹後由良〜丹後神崎　1990(平成2)年12月14日　撮影：安田就視

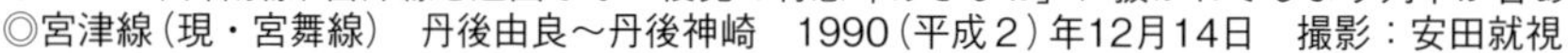

KTR001形の特急「タンゴエクスプローラー」。新大阪発着のイメージが強いKTR001形の同特急だが、写真当時は京都発着の時代。その後、京都発着のKTR001形特急「タンゴエクスプローラー」と新大阪発着のKTR8000形「タンゴディスカバリー」で入れ替えが行われ、KTR001形特急「タンゴエクスプローラー」は新大阪発着になった。
◎宮津線(現・宮豊線)　久美浜 1994(平成6)年4月26日　撮影：安田就視

KTR8000形の特急「タンゴディスカバリー」。京都発着のほか、北近畿タンゴ鉄道の駅発着の列車があった。使用車両KTR8000形の愛称は列車名と同じ「タンゴディスカバリー」だったが、現在は藍色メタリックの「丹後の海」へリニューアルされ、KTR8000形の愛称も「丹後の海」になっている。
◎宮津線（現・宮豊線）　木津温泉（現・夕日ヶ浦木津温泉）～網野　2002（平成14）年11月３日　撮影：安田就視

宮豊線を走る軽快気動車。
◎宮津線（現・宮豊線）　木津温泉（現・夕日ヶ浦木津温泉）～網野　2002（平成14）年11月３日　撮影：安田就視

京都市電

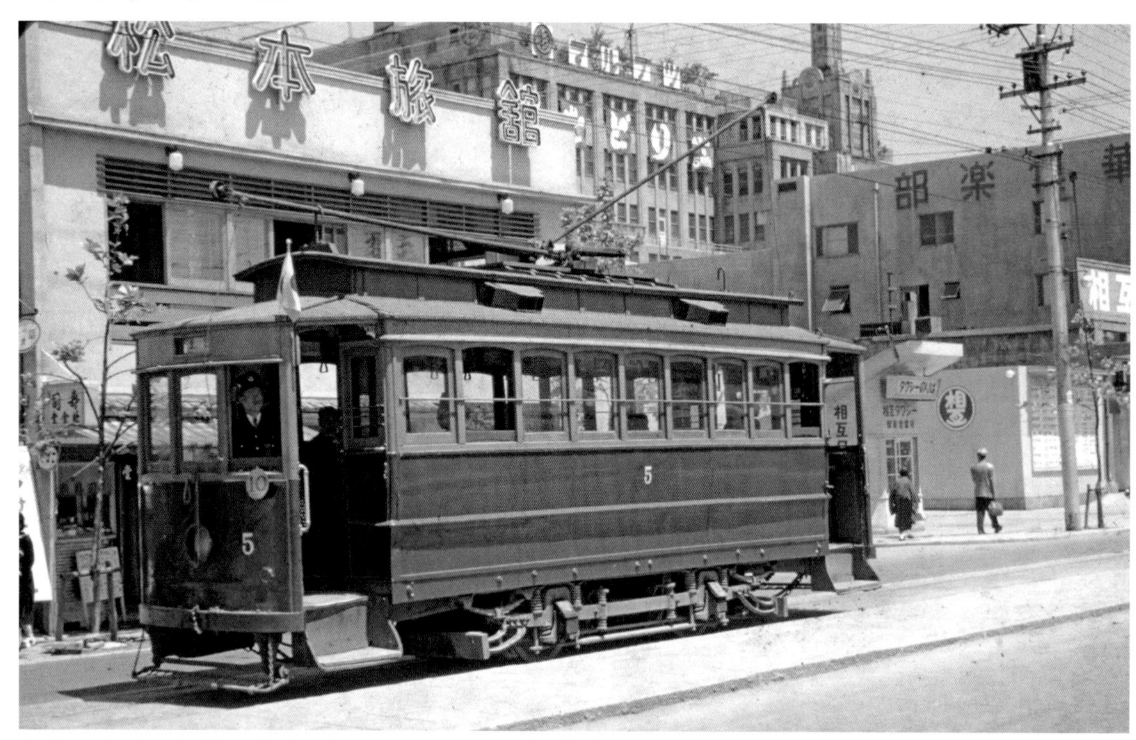

５月５日の祝日でＮ電に日章旗が付いているシーン。駅前の松本旅館の部屋からはＮ電がすぐそこに見えそうだ。百貨店の丸物や相互タクシーが写る。◎京都駅前　1955（昭和30）年５月５日　撮影：荻原二郎

堀川沿いを走る京都らしい路面電車風景。堀川線は、京都駅前～北野間の路線で、終点は北野天満宮の前だった。そのため、堀川線が正式な路線名だが、北野線と呼ぶ人が多かった。京都電気鉄道が敷設した軌間1067mmの路線で、京都市が敷設した標準軌の軌間1435mmに比べて狭い軌間であり、ナローからＮ電と呼ばれて親しまれた。
◎1956（昭和31）年４月30日　撮影：荻原二郎

Ｎ電こと狭軌１形電車が北野天満宮近くを走る。後に停留場は今出川線の建設のために天満宮の境内そばから今出川通の南側へ移転した。◎北野　1956（昭和31）年４月30日　撮影：荻原二郎

京都駅前でのＮ電。京都駅舎の塔屋が市電のターミナルの上に見える。狭軌の堀川線（北野線）は市電の駅前ターミナルから離れた停留場だった。「北野神社のりば」と記された立札が写る。北野神社とは北野天満宮のこと。明治時代に北野神社へ改名した後、戦後に再び北野天満宮となったが、その期間が長かったためか、停留場の案内板は旧称の北野神社にしてある。◎京都駅前　1961（昭和36）年７月８日　撮影：荻原二郎

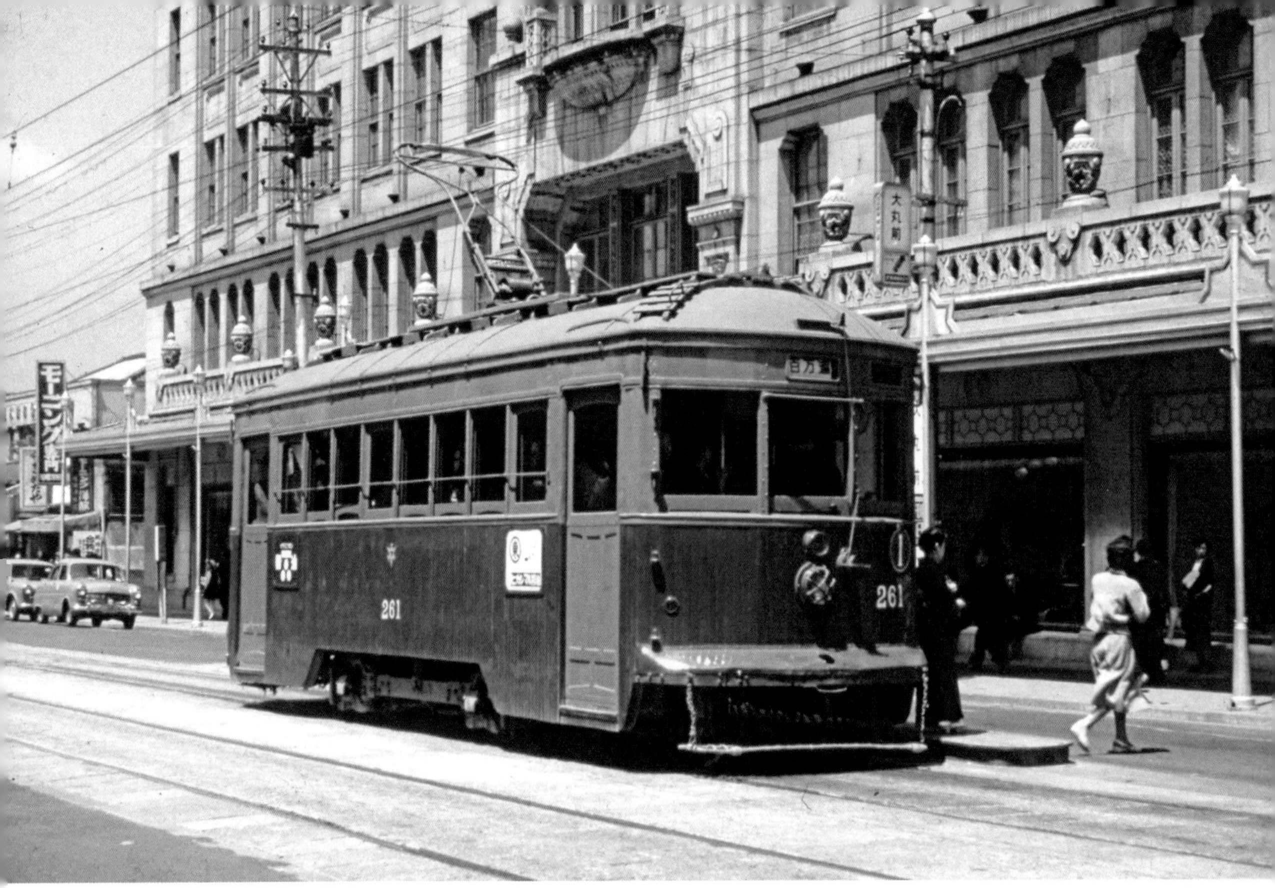

200形の261。1927（昭和２）年から93両が製造された形式。写真は四条線大丸前にて。停留場名は変遷しており、当初は四条高倉として開業。戦後の移転によって大丸前となり、1963（昭和38）年の阪急京都線河原町（現・京都河原町）延伸時に四条堺町となった。◎大丸前　1955（昭和30）年５月４日　撮影：荻原二郎

京都駅と梅小路機関区を見渡しながら国鉄の線路を跨いだ後、しばらく走ると東寺前停留場だった。東寺と700形。700形は４枚折戸が目立った車両であった。◎東寺前　1958（昭和33）年３月14日　撮影：野口昭雄

800形819。両端に乗降扉を設けた往年の伝統的なスタイル。800形は従来形式よりも窓1つ車体を延長。京都市役所や島津製作所のビルが背景に写る。◎河原町三条　1963（昭和38）年９月１日　撮影：荻原二郎

四条大橋を走る600形608。鴨川に架かる四条大橋を渡る市電は、古都らしい風景だった。600形は戦前から戦後にかけての京都市電を代表する車両で、608は1937（昭和12）年製。600形の初期製造グループである。
◎四条京阪前付近　1963（昭和38）年８月28日　撮影：日暮昭彦

1000形1003による北野金閣寺行。1000形は戦後生まれ。大型の３扉でボギー車。壬生車庫は最も歴史の長い車庫で、操車用のループ線も備えた。◎壬生車庫前　1970（昭和45）年９月16日　撮影：安田就視

京都市電の南の拠点基地だった九条車庫。操車用のループ線を備えた車庫であった。
◎九条車庫前　1972（昭和47）年６月９日　撮影：安田就視

かつての京都駅の駅ビルが写る京都駅前。空の開放感がある。1800形1868。800形から1800形への改造のポイントは側面の乗降扉。従来の京都市電は両端に乗降扉を設けたが、降車時の移動を考慮して出口扉を中央寄りに寄せる改造を施した。下の写真は西大路三条での情景。
◎上の写真　京都駅前　1972（昭和47）年６月９日　撮影：安田就視
下の写真　西大路三条 1976（昭和51）年５月25日　撮影：荻原二郎

路面電車における日本最大級のターミナルと呼ばれた京都駅前。跡地の一部がバスターミナルに活用されている。背景に写るのは関西電力のビルで現存する。◎京都駅前　1976（昭和51）年１月10日　撮影：日暮昭彦

2600形。600形からの改造車ではあるが、乗り心地に定評があった。智積院前の東山七条停留場にて。このあたりの景観は、市電が廃止された以外は条例の関係で変わらない良さがある。付近には京都女子学園があり、登下校の際には多くの生徒が乗降した。◎東山七条　1975（昭和50）年７月３日　撮影：安田就視

東寺と写る京都市電の風景。市電廃止後も京都を舞台にしたドラマなどでよく見られる風景。1800形1810。1800形は800形からの改造車。側面に回ると、800形と1800形の違いが明白だ（別写真で解説）。市電とともに写る種々の車が懐かしいスタイル。◎九条大宮付近　1975（昭和50）年７月15日　撮影：安田就視

江若鉄道

元国鉄キハ42000形（キハ07形）で、遠江二俣機関区に配置されていたキハ07形。近江今津方面からやってきたキハ22で浜大津行。相対式ホーム２面の駅へ到着したところ。駅跡は高架の湖西線志賀駅になっている。
◎近江木戸　1967（昭和42）年５月22日　撮影：荻原二郎

春の雨に濡れる江若鉄道の終着駅、近江今津駅にて。写真は旧江若鉄道カラー。キニ４は1931（昭和６）年日本車輌製造製の旅客荷物合造車。国鉄のようにキハニではなく、江若鉄道ではキニとした。18m級車体による大形車両。戦後、ガソリンカーからディーゼルカーへ改造。運転台を中央に移設したことで、４枚窓から３枚窓になった。写真当時は主要駅のみ停車の急行を運転し、円型の急の種別板が付く。急行は後に快速となり、停車駅を増やした。
◎近江今津　1963（昭和38）年３月24日　撮影：荻原二郎

終端側を見た駅構内。左奥に車庫、右側に島式ホーム１面が写り、駅舎は島式ホームの向こうに並ぶ線路を横断した先に建っていた。写真手前のキハ5121は、国鉄キハ42000形の事故廃車体を使って整備し、キハ18として竣工。1966（昭和41）年に総括制御車へ改造され、その際に片方の運転台を撤去してキハ5121へ改番した。
◎近江今津　1967（昭和42）年５月22日　撮影：荻原二郎

写真右端に写るのは、駅舎の線路側の上屋。近江今津駅の旅客ホームは島式ホームで、駅舎とホームは構内通路で結ばれていた。キハ51は、廃止された熊本の熊延鉄道からやってきた気動車。無骨な湘南タイプの前面窓が特徴。なお、液体式変速機装備だが、総括制御ができなかった。◎近江今津　1967（昭和42）年５月22日　撮影：荻原二郎

加悦鉄道

キハ08形キハ083。国鉄宮津線との接続駅、丹後山田駅にて。国鉄苗穂工場で国鉄オハ62形客車から内燃車へ改造。1971（昭和46）年に加悦鉄道へ。加悦鉄道と言えばキハ08を連想させるほど、一時期は主力車だった。キハ08形唯一の現存車で、加悦SLの広場から移転した加悦SL広場（のが付かない）でも長年保存されてきた。
◎丹後山田 1970年代　撮影：日暮昭彦

キハ08形キハ083。駅名になった京都府立加悦谷高校は同府立宮津高校との統合で府立宮津天橋高校加悦谷学舎になっている。◎加悦谷高校前　1980（昭和55）年９月10日　撮影：安田就視

在りし日の加悦鉄道と加悦駅。戦中までは、日本冶金工業による大江山のニッケル鉱石を輸送し、加悦駅の先に日本冶金工業が専用線を建設するなどしてピークを迎えたが、戦後はニッケル採掘の中止によって衰退を迎えた。しかし、歴史的に価値のある車両が駅構内に多く留置され、1977（昭和52）年に加悦SLの広場として駅構内を開放した。加悦鉄道は国鉄宮津線と接続する丹後山田駅と加悦駅を結ぶ5.7kmのミニ私鉄。1985（昭和60）年に加悦鉄道線が廃止となった後も加悦駅構内は加悦SLの広場として一般公開され続けた。その後は展示車両を日本冶金工業の専用線にあった大江山の鉱山駅跡に開館した加悦SL広場へ移して保存展示されてきたが、現在は閉園となり、譲渡先が決定していない車両が残っている。
写真に写る駅舎は移築され、修復した駅舎を活かした加悦鉄道資料館になっている。
◎加悦　1973（昭和48）年11月12日
次のページ下の写真　1973（昭和48）年11月２日　撮影：安田就視（２枚とも）

道産子のキハ08形キハ083。客車改造気動車は加悦鉄道によく似合っていた。
◎加悦付近　1976（昭和51）年２月22日　撮影：安田就視

（この写真の解説は75ページを参照）

1260形1261。元は、現在の木次線の一部を開業した簸上鉄道のC形タンク機関車。同鉄道が国有化され1261に。1943(昭和18)年に加悦鉄道を経営する日本冶金工業が払い下げを受けた。
◎加悦　1973(昭和48)年４月７日　撮影：日暮昭彦

120形２。1873(明治６)年、英国のロバート・スチーブンソン社製。大阪〜神戸間の鉄道建設を機に輸入。大正時代に簸上鉄道へ払い下げられ２に。1926(大正15)年の加悦鉄開業に向けて導入した。休車は1956(昭和31)年。その後、加悦SLの広場で保存。修復保存を行ってきた。現在は加悦鉄道資料館(旧加悦鉄道加悦駅舎)へ移設して公開されている。
◎加悦　1973(昭和48)年４月７日　撮影：日暮昭彦

北丹鉄道

ハニ10形ハニ11。1959（昭和34）年に南海モハユ751を客車化した車両を導入。気動車に連結して運用した。曲線の前面に5枚窓というスタイル。ダブルルーフは雨漏りのため防水の布で覆われていた。
◎河守　1966（昭和41）年6月5日　撮影：荻原二郎

北丹鉄道は福知山から北へ向けて由良川の築堤や河川敷を走った。河守駅は終着駅。キハ04形キハ101とハニ11が並ぶ。キハ101（２代目）は国鉄キハ04形を1965（昭和40）年に譲受したもの。単行のほか、ハニ11と連結して運用した。北丹鉄道は1971（昭和46）年に休止、1974（昭和49）年に廃止になった。
◎河守
1966（昭和41）年６月５日
撮影：荻原二郎
（２枚とも）

1961(昭和36)年当時の時刻表

36. 6. 1現在　**米原—貴生川—近江八幡—多賀**　(近江鉄道)　電 連

キロ程	円	駅														
		米原国発	…	…	511	609	635	711	759	…	この間 米原発	1745	1819	1944	2019	…	2138
5.8	20	彦根国〃	…	…	523	622	647	722	811	…	八日市行 924.1538	1756	1832	2000	2034	…	2149
9.9	40	高宮〃	…	…	531	629	654	730	823	…	貴生川行1011.1132	1804	1839	2007	2042	…	2157
17.9	60	愛知川〃	…	…	545	642	708	745	837	…	1331.1408.1508.	1818	1848	2021	2056	…	2211
25.3	90	八日市〃	…	538	609	658	719	758	856	949	1606	1842	1922	2036	2117	2212	2223
37.8	140	日野〃	535	604	636	726		825	924	1016	八日市発貴生川行	1920	1951	2103	2144	2238	
47.7	170	貴生川国着	555	622	653	743	…	842	941	1033	1154.1812	1937	2008	2120	2201	2255	…

キロ程	円	駅																	
		米原国発	…	…	…	…	…	…	…	830	1053	1248	1632	1703	1857	…	…	…	…
25.3	90	八日市〃	522	559	628	654	728	808	850	924	1142	1336	1722	1750	1952	2027	2047	2129	2212
26.6	100	太郎坊〃	526	604	632	659	733	812	854	928	1147	1340	1726	1755	1957	2032	2052	2135	2217
34.6	130	近江八幡国着	543	621	650	717	750	830	911	946	1204	1358	1744	1813	2014	2049	2111	2152	2234

上表の他　八日市発近江八幡行 952.1024.1059.1231.1302.1415.1518.1558.1652.1818.1845.1932

						キロ程	円	駅							
545	…	…	この間 多賀行	…	…			発米原着	620	—	—	910	この間 多賀発	—	—
600	703	800	米原発911.951	1938	2118	5.8	20	〃彦根発	608	700	749	900	米原行 926	1934	2108
609	710	807	1218 彦根発	1945	2126	9.9	40	〃高宮〃	601	654	741	852	1208 彦根行	1927	2101
613	714	811	1100.1507	1949	2130	12.4	50	着多賀発	556	649	737	847	1047.1439	1923	2056

上表の他　高宮—多賀　高宮発 531—2248　多賀発 526—2232　20—30分毎　本線各列車に接続運転

本表時刻は
36年7月8日～8月27日　**膳所—浜大津—近江今津**　(江若鉄道)　下欄外参照
膳所国—浜大津　所要10分　10円　連

						キロ程	円	駅					
600	625	この間	膳	2100	2145			発浜大津国着	640	703	この間	2124	2210
602	627	近江今津行	所	2102	2148	0.6	10	〃三井寺下発	638	701	近江今津発	2122	2208
614	640	膳所発1405浜大		2115	2201	7.6	30	〃日吉〃	623	649	浜大津行	2107	2154
620	645	津発 723. 820	2050	2120	2205	10.3	40	〃雄琴温泉〃	619	644	632. 727. 825. 924	2002	2149
626	651	920.1045.1150		2126	2211	13.7	60	〃堅田〃	612	637	1035.1256.1406.1520	2056	2143
638	700	1305.1416.1527		2135	2220	18.9	80	〃和邇〃	603	627	1634.1745.1852	2047	2135
651	715	1642.1750.1853		2149	2233	26.5	110	〃比良〃	…	613	膳所国行1148.1852	2032	2120
656	720	2010 浜大津発		2154	2238	28.8	120	〃近江舞子〃	…	608	近江舞子発浜大津行	2027	2115
	730	近江舞子行 848		2204		35.4	130	〃白鬚〃	…	558	738. 935.1031.1158	…	2002
…	735	1016.1114.1233		2209	…	38.3	150	〃高島町〃	…	553	1303.1414.1524.1746	…	2057
…	744	1450.1604.1710		2217	…	42.6	170	〃安曇川〃	…	546	1859	‥	2050
…	759	1825.1930		2232	…	51.0	200	着近江今津発	…	530	和邇発浜大津行 702	…	2034

男山ケーブル	八幡町——男山山上	0.4キロ	所要3分	50円	740—1800	20分毎

36. 6. 1訂補　**出町柳—八瀬—鞍馬・嵐山—四条大宮—北野白梅町**　(京福電鉄)　電

初	電		終		電	キロ程	賃	駅名	初	電		終		電	運転間隔
…	5 55	7 02	22 02	22 32	23 30	0.0	円	発出町柳着	6 05	6 42	7 12	—	—	23 48	30分
5 42	6 05	7 12	22 12	22 42	23 40	3.8	25	〃宝ケ池発	5 56	6 33	7 03	23 03	23 33	23 39	
6 05	‖	7 37	22 37	23 07	‖	12.6	55	着鞍馬〃	‖	6 11	6 41	22 41	23 11	‖	
…	6 09	…	…	…	23 44	5.6	30	着八瀬発	5 52	…	…	…	…	23 35	10—15分
5 30	5 46	6 00	23 05	23 17	23 30	0.0	円	発四条大宮着	5 53	6 08	6 23	23 23	23 38	23 53	
5 47	6 03	6 17	23 22	23 34	23 47	5.2	15	〃帷子ノ辻発	5 36	5 51	6 06	23 06	23 21	23 36	5—15分
5 53	6 09	6 23	23 28	23 40	23 53	7.2	30	着嵐山発	5 30	5 45	6 00	23 00	23 15	23 30	
5 25	5 39	5 55	22 25	22 51	23 07	0.0	円	発帷子ノ辻着	5 52	6 09	6 24	23 30	23 36	23 42	
5 38	5 52	6 08	22 38	23 04	23 20	3.8	15	着北野白梅町発	5 40	5 57	6 12	23 18	23 24	23 30	8—16分

	区間	キロ程	所要	料金	運転時間	毎時発
叡山ケーブル 遊	西塔橋(八瀬)—四明ケ岳	1.3	9分	60円	800—2130	00.20.40分
叡山ロープウェイ 遊	四明—比叡山頂	0.5	3分	50円	816—2120	16.36.56分

36. 3. 1改正　**坂本ケーブル**　(比叡山鉄道)　連 遊

区間	キロ程	運賃	所要時間	運転時間	間隔
坂本——叡山中堂	2.025	片道 80円　往復160円	11分	800——1800	30分毎

36. 6. 1現在　**福知山——河守**　(北丹鉄道)　気 連

								キロ程	円	駅								
…	…	550	1020	1230	1535	1725	1935			発福知山国着	746	1200	1415	1712	1905	2110	…	…
…	…	611	1042	1251	1556	1747	1956	5.5	20	〃上天津発	725	1140	1355	1652	1845	2050	…	…
…	…	626	1057	1306	1611	1802	2011	9.8	40	〃公庄〃	710	1125	1340	1637	1830	2035	…	…
…	…	635	1106	1315	1620	1811	2020	12.4	50	着河守発	700	1115	1330	1627	1820	2025	…	…

36. 6. 1現在　**丹後山田——加悦**　(加悦鉄道)　連

			キロ程	円	駅			
536	この間 629.804. 946.1109.1335	2149			発山田着	535	この間 557.730. 910.1030.1232	2142
556	1421.1559.1712.1743.1837.2038	2209	5.7	30	着加悦発	515	1350.1507.1636.1715.1807.2002	2122

1段目は近江鉄道本線、八日市線、本線～多賀線間の時刻表。２段目は江若鉄道で、膳所－浜大津とあるのは乗り入れていたため。軌間の異なる京阪石山坂本線との３線軌条であった。同区間は国鉄浜大津支線でもあった。３段目は京福電気鉄道。現在、叡山電鉄の叡山本線や鞍馬線も京福電気鉄道だった。坂本ケーブルは比叡山鉄道。滋賀県に所在する比叡山延暦寺へのアクセスケーブルカー。北丹鉄道は朝１往復のみで、これを逃すことができなかった。北丹鉄道にくらべれば本数があった加悦鉄道。山田は丹後山田駅。現在の京都丹後鉄道与謝野駅である。

2章

モノクロフィルムで記録された
京都府・滋賀県の私鉄、公営交通

近江鉄道の経営を支えた石灰石輸送。多賀のセメント工場専用線と多賀線、本線を直通したED14が牽引する石灰石輸送列車。多賀線分岐駅、高宮駅の貨物輸送用ヤードが活況を呈した時代があった。
◎本線　高宮　1967(昭和42)年5月6日　撮影：日暮昭彦

近畿日本鉄道

1928（昭和３）年11月15日に奈良電気鉄道京都～桃山御陵前間が開業。この日は昭和天皇の即位の儀式である大嘗祭が京都で行われた日だった。つまり、御大典に何とか間に合わせた開業で、奈良電気鉄道の京都駅は仮設駅であった。写る車両はデハボ1000形。◎京都　1928（昭和３）年11月　撮影：朝日新聞社

写真奥の宇治川向うの向島駅は未開業。当時の駅間は小倉～桃山御陵前間。写真上に写る巨大なトラス橋は、単純トラスの日本一支間長を誇る澱川橋梁。近鉄京都線の前身、奈良電気鉄道が開業に備えて架橋したもの。高架橋は桃山御陵前駅へ向けての高架橋で、奈良電気鉄道開業当初から高架線。桃山御陵前駅は昭和初期の開業当初から高架駅である。
◎京都線　小倉～桃山御陵前　1974（昭和49）年10月６日　撮影：朝日新聞社

『田辺町近代史』に登場する近鉄京都線

奈良電鉄

現在、本町を通り、京都・大阪・奈良などの都市を結んでいる鉄道には国鉄片町線と近畿日本鉄道京都線とがあるが、近鉄京都線の前身は奈良電気鉄道株式会社である。

『奈良電鉄社史』によると、昭和３年11月３日に西大寺－桃山御陵前間28キロメートルの営業を開始し、その10日余りのちの11月15日には、桃山御陵前－京都駅南口間が開通した。11月３日には開通式が午前４時から新田辺車庫でおこなわれ、終日、花火が打ち上げられた。この時、本町には「新田辺駅」と「三山木駅」が開設された。以後、昭和38年10月１日に近畿日本鉄道株式会社に合併されるまで35年間にわたり、沿線住民や通勤・通学者・一般利用者に「奈良電」の愛称で親しまれ、京都－奈良間を短時間で運行していた。

この奈良電気鉄道株式会社は大正14（1925）年５月に設立されているが、設立以前にもさまざまな経緯があった。

最初は大阪電気軌道（現近鉄奈良線）の西大寺と京阪電鉄の中書島間の路線を大正８（1919）年11月３日に申請、さらに大正10年９月21日に当線の支線として、田辺町から大住村・有智郷村を経て八幡町までの10.6キロメートルの敷設免許を申請、翌大正11年11月16日に鉄道大臣から免許を取得した。ところが、当時は不景気で財界も沈滞状態にあり、株式の募集にも困難が予想された。このため路線の起点を京阪電鉄宇治駅付近、終点を大阪電軌西大寺駅にすれば路線延長25.4キロメートルとなり、既免許線よりも4.3キロメートルの短縮となり、所要資金も50万円節減できるということから、同社は大正13年５月24日、路線変更許可を申請し、許可された。

大正14（1925）年５月６日に、京都府久世郡宇治町公会堂で会社創立総会が開催され、同年５月14日にすべての手続きを終わりここに奈良電気鉄道株式会社が誕生したのである。しかし、この宇治－西大寺間、田辺－八幡間とも実現しなかった。このことは、起点を宇治にすると、既設の奈良線と時間的にあまり変わりがないこと、また、伏見桃山を起点として他社線を利用せずに京都駅に至る延長6.9キロメートルの自線とした方が、得策であるという２つの理由から、最終的には西大寺－京都駅南口間となったからである。

昭和２年１月から西大寺－京都間の用地買収を開始したが、地元関係町村の協力により順調に進んだ。路線用地のうち、伏見桃山から京都駅南口間は、旧国鉄奈良線廃線敷と国鉄伏見貨物線の払い下げを申請しこれを買収した。また、伏見桃山以南の買収路線中、昭和３年７月25日に完成した、田辺町と久世郡富野荘村との境界の木津川橋梁工事、それに京都市伏見区の宇治川橋梁の大工事がおこなわれた。後者は旧陸軍工兵第16大隊の渡河練習場になっていた。このために、橋梁の橋脚の設置が許されず、構桁橋にすることになり、昭和３年４月１日に着工し、同年10月16日に完成した。車庫は新田辺駅西側に浅野物産が請負い、昭和３年２月に起工して同年５月20日に完成した。ここで車輛24輛が組み立てられ、10月末に全車輛の組み立てを終えた。

奈良電鉄の沿線で活況を呈したのは、昭和４年７月10日に開設された木津川水泳場（面積約３万3000平方メートル）をはじめ、昭和７年11月の木津川グライダー場、昭和10年９月の寺田野球場、昭和11年９月の寺田ラグビー場などの開設があり、これらの施設は沿線開発や乗客誘致のための施策であった。これらのうち、もっとも活況をみせたのが木津川水泳場で、夏季期間中などは乗降客で賑わった。この期間中は同線田辺町側の木津川左岸に「木津川」という臨時駅が設置され、沿線をはじめ各地からの水泳客の便に供した。水面際では噴水が高く上げられ、遠くからでも眺められたし、時折、金魚流しなどもおこなわれ、また河川敷には多くの売店が軒をつらねた。戦後の昭和23年から36年までの木津川水泳場の水泳客は毎年、約18万人にのぼった。ところが、この水泳場も、高度経済成長時代に入って木津川の砂利採取で各所に深みができたり、水が濁って水泳に危険となったため、昭和37年に閉鎖された。現在はこの河川敷が田辺木津川運動公園（１万５千平方メートル）となり、町民運動会や各種の体育行事に利用されている。

この当時の同社の新路線計画について触れると、本線の小倉駅から分岐し、大阪の国鉄玉造駅に至る路線（大阪線計画）、また山田川駅と平城駅間から分岐して国鉄奈良駅西側に達し、そこからさらに国鉄桜井駅に至り、当時建設中の桜井－宇治山田間の参宮急行電鉄（現近鉄伊勢賢島線）に乗り入れて、京都ー伊勢間に特急運転をおこなう遠大な計画（奈良延長線・桜井線計画）もあった。
奈良電鉄は開業に際し、桃山御陵前駅東隣り、伏見町御香宮門前に本社事務所を新築した。増田清設計・大林組施工による鉄筋コンクリート地上４階・地下１階、のべ面積２千百平方メートルで昭和３年７月末に着工、わずか103日の短期間で10月末完成した。これも建築界の新記録として話題を投げた。こうして京阪電鉄三室戸駅前にあった宇治事務所から伏見町の新館に移り、同年11月９日に落成式をおこなった。新社屋は桃山御陵の表参道に美観を添えることになった。
同社が京都ー奈良間で急行運転を開始したのは、昭和５年12月からである。終戦の年の昭和20年には、当時軍関係の命令で私鉄相互の輸送力を高めるため、京阪丹波橋駅に連絡線を新設し、奈良電車が京阪三条駅へ、京阪電車が奈良電鉄の京都駅へ、相互乗り入れをしていた。以後、日本の鉄道事業が活況を示しはじめた昭和29年10月には、奈良電鉄が京都ー奈良間に特急運転を開始している。この特急電車は当時、私鉄界で第２位の高速を誇っていた。

近鉄京都線

奈良電気鉄道は京都ー西大寺間34.5キロメートルの鉄道と、沿線周辺134.8キロメートルの路線バスなどを経営していた。このうち鉄道は西大寺で近鉄線と相互乗り入れし、奈良・吉野・伊勢方面と連絡して近畿地域の鉄道交通の１つとして重要な役割をはたしていた。ところが、同社は経営基盤が弱く、沿線開発の立ち遅れもあり、本来の機能を充分に発揮できなかった。
一方、近畿日本鉄道は大正14（1925）年の奈良電鉄創立当初から、資本・営業面ともに奈良電鉄と密接な関係にあった。同社の経営悪化が表面化した昭和33年下期ごろから、その再建に積極的に参加する方針を固め、株式の取得を進めた。昭和36年９月にはその過半数を取得し、さらに翌昭和37年４月には関西電力株式会社会長太田垣士郎のあっせんにより、京阪電気鉄道株式会社保有の奈良電鉄の株式全部を譲り受け、同社を近畿日本鉄道株式会社の系列に加えた。以後、奈良電鉄は近畿日本鉄道の協力のもとに、小倉駅の待避線と十条変電所の新設、近鉄の玉川工場における全客車の特別修繕など、施設全般にわたって整備改良を進め、急速にその体質を改善していった。そして東海道新幹線工事にともない、京都駅を国鉄との総合ターミナルに改築し、昭和38年９月から高架新乗降場の使用を開始した。こうして昭和38年10月１日に奈良電鉄は近畿日本鉄道に合併された。近鉄はこの合併により、株式760万株を発行し、資本金３億８千万円を増加した。継承した資産のおもなものは鉄道線34.5キロメートル、用地約51万平方メートルをはじめ、変電所６ヵ所、車庫、工場各１ヵ所、車輛44輛で従業員548名であった。
近鉄合併以後の京都線の発展はめざましく、京都と奈良・大阪・賢島を結ぶ重要な幹線として、地域経済の向上に、大きな役割をはたしつつある。合併後の近鉄の営業キロ数は573.3キロメートルで、関西ではもちろん、わが国私鉄最大の規模となり、営業範囲も京都府を加えて、２府４県にまたがっている。
昭和39年12月１日に京都ー奈良間に１日５往復の特急運転が開始されて以来、昭和55年３月18日には１日25・6往復となり、５倍強の激増である。これ以外に昭和41年12月20日には京都ー宇治山田間に１日２往復、そののち鳥羽線・志摩線ができてからは賢島まで特急運転が延長され、その回数も多くなった。昭和42年12月20日には京都ー橿原間に８往復であったが、昭和48年９月21日には２倍強の18往復、さらに大阪方面へは昭和48年３月１日に京都ー難波間に３往復、昭和49年の９月１日には４往復となった。このように京都を起点としても、四方面に特急運転がおこなわれている。この間に急行や普通列車も通勤・通学用や一般利用者の交通機関として運行され、利用者にとっては便利になった。しかし、交通量の多い道路が近鉄線と平面交差している踏切は車が渋滞し、通行上の障害となっていることは前述したとおりである。経済の高度成長以後、レジャーブームとなり各地における宣伝などで鉄道・観光バス・自家用車を利用してレクリエーションに出かける人も多くなってきた。本町からは近鉄特急を利用して近鉄沿線の各地へ行くには、西大寺駅で乗り換えができるので比較的便利である。伊勢志摩方面へ行くには国鉄を利用していたころと比べると、時間的に早く行けるようになり、日帰りも可能となった。

京阪電気鉄道

京阪電気鉄道東福寺駅（写真右）と新設開業した国鉄奈良線東福寺駅。写真左側の単線が国鉄奈良線。奈良線の用地は元々明治時代に開業した官設鉄道の路線で、後の線路名称制定で東海道本線に。大幹線東海道本線なので複線だった。その後、東海道本線は逢坂山トンネル（新）や東山トンネル経由の新ルートが開通し、稲荷回りの東海道本線から変更。その後、単線の奈良線として蘇り、1957（昭和32）年には写真のように国鉄奈良線に東福寺駅が新設された。現在の奈良線は複線。東福寺駅はJRの京都駅の隣駅で、京都駅利用者が京阪本線を利用するアクセス駅になっている。
◎京阪本線　東福寺
1957（昭和32）年12月27日
撮影：朝日新聞社

60型の車内の様子。右下の写真の車内プレートで60型63だとわかる。座席は車両限界の関係で新製当時としては座り心地に配慮したロングシートだった。連接台車上の連接面側にある円筒状の貫通路が特徴だった。廃車後の60型63の車体や中間台車は京阪石山坂本線近江神宮前駅隣接の錦織車庫（大津市）に置かれ、後の復元時に活用された。
◎錦織車庫
1969（昭和44）年７月８日
撮影：田谷惠一
（２枚とも）

702
1010
シンセイ

びわ湖温泉
紅葉パラダイス
乗務員室へ
立入厳禁
KEEP OFF THE CAB
63
びわこ
禁煙
NO SMOKING

『宇治市史』に登場する京阪と奈良電

京阪電鉄宇治線の開通

奈良鉄道が開通した明治29（1896）年には、伏見鉄道（下鳥羽・伏見・六地蔵・醍醐・官設鉄道山科駅・竹鼻間）や、江城鉄道・宇治鉄道（合併して山江鉄道として再出願、官鉄草津駅・宇治・田辺間）、および宇治鉄道（官鉄山科駅・木幡間）などの宇治市域を通過もしくは起点とする諸計画が起こり、関係官庁に認可申請を出している。しかし、すでに奈良鉄道が開通していることでもあり、これらの計画はさしあたって必要と認められず、そのうえ資金上の困難もあって実現を見ないままに終ってしまった。

ところでこれらの計画とは別に、明治28年にわが国最初の営業電車線が京都と伏見の間に通じると、これに刺激されて電鉄ブームが起こっている。36年から39年の間に京都と大阪を結ぶ電鉄の出願が７件もあいついだのをはじめとして、30年代の後半から40年代にかけて宇治を中心にしても、奈良、伏見・宇治田原・炭山・八幡・滋賀県石山などの各地に至る電鉄（軌道）の計画が現われたのである。

その中で結局実現をみたのは、畿内電鉄の計画を母体にして明治43年に大阪天満橋・京都五条間を開通させた京阪電気鉄道株式会社（京阪電鉄）だったが、それとともに宇治から伏見に連絡する宇治電気軌道株式会社の計画が、いくらかの曲折を経て日の目を見たのが注目される。宇治電気軌道の建設計画は、39年11月20日に村岡浅右衛門・江崎権兵衛・安田益太郎ほか数名によって出願されたもので、伏見町字新田から宇治郷に至る7.6キロメートル、軌間1.067メートルの軌道条例に基づく電車線である。しかしちょうどその頃は日露戦争後の不況期で、この影響を受けて資金難に陥ってしまい、容易に着工の見通しを立てることができなかった。たまたま大阪・京都間を開通させていた京阪電鉄は、著名な遊覧地である宇治への進出を望んでいたので、宇治電気軌道の敷設権を43年11月に譲り受け、軌間を自線の1.435メートルの標準軌間に変更することにして、宇治線実現の足がかりとしたのである。

このような動きを受けて地元でもその早期実現を望む声が急速に高まり、明治45年１月に建設促進運動を展開、電鉄側も重役会において検討を重ねた。当初は、地元関西側の重役が会社の財政に余裕のないことを理由に消極的な態度をとっていたが、東京側重役の積極的な説得と、たまたま会社が大阪市から近く受け取ることになっている59万円の返還金を、その建設資金にまわせる見通しがついて敷設計画に乗り気となり、実現への気運が高まっていったのである。

宇治線の予定線として比較検討されたルートは、次の２案であった。

第１案　中書島停留場から分岐し、宇治川を横断して西岸を伝って宇治に至る。

第２案　伏見大手筋から分岐し、宇治川の東岸を伝って宇治に至る。

このうち、第１案では沿道に集落が少なく、沿道の乗降客を吸収することに期待はもてないが、路線用地が安価に買収できて建設が節約でき、もっぱら宇治と直結することによって旅客を吸収できるものと見込まれた。これに対して第２案では、沿道に茶業の盛んな集落を数多くひかえるので多くの乗降客を吸収でき、さらに住宅経営や電灯供給などの兼業で増収がはかれるが、第１案のルートのように路線用地は安価に買収できず、建設費用がかさむものと予想された。

種々の角度から比較検討された結果、建設費を軽減させる意見が大勢を占めて、用地の買収が容易な宇治川の左岸に沿う第１案が採択され、諸準備が進められつつあった。ところが、この年の７月30日に明治天皇が没し、その陵墓の地として桃山丘陵南端部の斜面が選ばれたため、宇治線は参拝者輸送の使命を帯びることとなって事態が一変し、とり急ぎ第１案を廃して宇治川右岸に沿う第２案が採られることになったのである。

路線用地は大正元（1912）年末に７分通りの買収を終えたが、買収に応じない者には土地収用法も適用されて急ピッチで工事が進められた。そして、着工後わずか半年足らずで中書島・宇治間7.8キロメートルの複線電車線が完成している。翌２年６月１日の正式開通と同時に、観月橋・御陵前（桃山南口）・六地蔵・木幡（京阪木幡）・黄檗（京阪黄檗）・宇治（京阪宇治）の６停留場が設けられた。開通に先立つ５月には、黄檗停留場の位置をめぐって黄檗山万福寺と五ヶ庄広芝辻との間に意見の対立があり、いくらかの騒動もみられたが、当初の方針通り万福寺門前に通じる地点に停留場の位置が定められた。路線は、国鉄奈良線（旧奈良鉄道）にほぼ並行して宇治川寄りの低地に敷かれ、終点の宇治停留場の部分だけが国鉄線の築堤下を貫通して宇治橋の東畔に面している。なお、三室戸停留場は大正６年２月に新設されたが、同７年６月に使用中止、昭和18年11月に廃止となったが、戦後の昭和22年４月に復活し、現在に至っている。

このようないきさつを経て、宇治川の右岸に２本の並行した鉄道が誕生したわけであるが、京阪宇治線は運行頻度と機敏性に富む都市近郊電車線として、もっぱら旅客の輸送のみを行ない、全国の幹線に接続する官営鉄道の奈良線とはまた異なった機能と特質をもつものであった。とくに、中書島で京阪電鉄の本線に接続して大阪方面と連絡できたことは、遊覧地宇治への来訪者を増加させてその発展に寄与するとともに、宇治が京都のみならず、ひろく大阪の都市圏に組み込まれるための重要な条件を形作るものだったということができよう。

奈良電車

京都・大阪を結ぶ交通路線は、大正初期にはほぼ完成していた。しかし奈良と京都という２つの古都を結ぶ近代的交通機関としては、ただ奈良線があるのみで、しかも単線で１日12往復、所要時間１時間30分もかかるローカル線であった。

このような状況で第１次大戦の好況期を迎えると、地域住民の要望が強くなり、南山城地区を選挙区とする衆議院議員長田桃蔵を中心とした49名が発起人となってようやく計画が熟し、「奈良電気鉄道株式会社」の名称で大正８（1919）年11月３日、京阪電気鉄道線の中書島停留場を起点とし、大阪電気軌道（株）線の奈良停留場付近を終点とする29.7キロメートルの、地方鉄道法による電気鉄道敷設の申請が行なわれた。軌道敷設の経由地は、紀伊郡伏見町から同堀内村・向島村・久世郡槇島村・同小倉村・同大久保村・同寺田村、同富野荘村、綴喜郡田辺町・同三山木村、相楽郡狛田村・同祝園村・同相楽村・同木津町および奈良県添上郡佐保村に至り、それより旧関西鉄道の廃線敷を利用して奈良市の終点に至るもので、軌間は、1.435メートルとし、電力は京阪電気鉄道（株）より供給を受ける予定であった。

ところが同年11月奈良県下の関西水力電気株式会社社長森久兵衛ほか14名の発起人による「関西電気軌道株式会社」が奈良市を起点とし、相楽郡木津町・綴喜郡田辺町・久世郡宇治町を経て京都市七条に達する電気軌道敷設の免許申請を出したため、両者が競願する形になった。しかし第１次大戦下の好況は、終戦とともに経済情勢が悪化して、競願の形となった両社ともに免許促進の動きは進展しなかった。この間に京都府・奈良県の勧めで両社発起人の間で協議がすすめられ、大正11（1922）年７月、両社が合併することになった。そして関西電気軌道株式会社は免許申請をとり下げ、発起人会は解散した。このようにして同年11月奈良電気鉄道株式会社に３年ぶりに免許がおりた。なお既に申請していた敷設予定路線には八幡支線敷設免許申請も加えられていたので、これも免許された。

免許を受けた奈良電鉄では、依然として不況できびしい経済情勢の中で資金面に困難があったので、起点及び終点を変更することとなり、起点を京阪電気鉄道（株）宇治線宇治停留場、終点を大阪電気軌道（株）線西大寺停留場とすることとなった。そして起点・終点の両会社と乗り入れ契約を結び、免許許可線より4.3キロメートルを短縮、経費50万円を節減する路線に計画を変更して許可を申請し、大正13年10月25日許可された。

会社創立総会は、大正14年５月６日久世郡宇治町公会堂において開会、資本金450万円で、同年５月14日に奈良電気鉄道株式会社が誕生した。用地買収も順調に進み、小倉以南は工事着工のはこびとなったが、小倉・宇治間の用地買収の段階で、宇治町内の予定路線上に日本レイヨンの工場が誘致されることになり、路線変更が必要となったため買収を一応延期した。そして路線は再び小倉より北進して京阪電鉄の桃山停留場付近で京阪電鉄と接続し、三条停留場まで乗り入れる計画を立案したが、京阪電鉄本線の運転車輛の増加により難色があり、かつ京阪電鉄三条停留場までででは、当初の計画である京都・奈良間を省線奈良線所要時間より短縮する目的が果たせず、さらに運賃においても京阪電鉄三条停留場までの乗り入れは高くなることもあって、大正15年２月、小倉・伏見間の伏見支線敷設免許の申請をすることとなり、同年12月認可された。

『大津市史』に登場する大津電車・比叡登山鉄道

大津電車軌道

京津電車に次いで、大津電車軌道株式会社（以下大津電車と略称）が開通する。明治39年頃、由利公正等は大津－馬場間の電車を、宮脇剛三等は石山駅より石山寺（石山寺１丁目）に至る軽便鉄道（狭い軌道で小型車両の鉄道）を、橋本甚吉郎等および藪田信吉等大津市の実業家はいずれも石山－坂本間の電車を発起して、それぞれ許可を競願したが、その後４派は合同して大津電車軌道株式会社を設立。同40年９月21日、滋賀郡石山村から膳所町・大津市・滋賀村を経て坂本村に至る軌道敷設が免許され、同42年６月２日大津市内・滋賀郡内立ち入り測量許可が出た。建設工事が順次進められて行くうちに、同44年１月８日創立総会が開かれ、社長に磯野良吉、常務取締役に藪田信吉が就任した。資本金は50万円であった。

当初の計画では、大津市内は浜通を拡張して軌道を敷設する予定であったが、多額の工費を要するので大津乗車場（のちの浜大津駅）と馬場停車場（のちの膳所駅）間は鉄道院線（現在の国鉄）大津線の貸し下げを鉄道院に請願して、明治45年５月１日鉄道院列車との共用が許可され、翌大正２（1913）年３月１日複線で営業が開始された。なお、この日をもって鉄道院が馬場－大津間の旅客および手荷物運輸営業を廃止したため、大津電車は鉄道院線との連帯運輸を開くこととなった。続いて、翌大正３年２月15日蛍谷まで開通し、浜大津－蛍谷間を結ぶ湖南陸上交通機関として一層その機能を高めたのである。

一方大正７年頃から、積年の懸案である近江－若狭（福井県）連絡鉄道の建設熱が再燃する。しかし、大津電車は坂本村までの軌道敷設免許をすでに得ていたから、これとの関係調整が問題となったようである。当時の新聞は、「湖西鉄道と大電」と題して以下のように伝えている。

滋賀県滋賀・高島両郡民の湖西鉄道敷設熱は夙に高調に達せるが、之により先大津電車は浜大津より滋賀郡坂本迄延長敷設の権利を取得せる関係ある為、両郡民中の有志は同鉄道敷設に関し予じめ大電の承諾を得べく期待し居れるが、大電側にては容易に右承諾の模様なき為、其れだけ滋賀・高島両郡有志の運動に支障を来たせる状態にありと。

湖西鉄道建設の話がしだいに具体性を帯びはじめたのに刺激されたのであろうか。大津電車は大正８年に入り資本金を100万円に増資するとともに、第１期拡張工事として浜大津－三井寺下間などの建設に乗り出した。

大津電車拡張されん

大津電車（軌道）株式会社は今回100万円に増資し、第１期拡張として浜大津から三井寺下疏水岸北国町より長等公園（小関町）下を通って新大津駅前に至る延長43鎖（約85メートル）を引き延ばすこととなり目下認可申請中であるが、多分来年の春頃から着工することになる筈。工事期間は５箇月間であるが、初め浜大津から三井寺下までを、次に三井寺下から新大津駅に到る延線は大津駅の改築後に実行することになって居る……。

浜大津－三井寺下間が開通するのは予定よりは約２年遅れた大正11年５月７日で、三井寺下－新大津駅間はついに着工されなかった。ただし、いずれも事情は不明である。なおここでいう「新大津駅」とは、後述するように、大正３年12月から着手された東海道線付け替え工事にともなって、同10年８月に竣工した現在の大津駅（春日町）のことである。

また、明治40年に敷設免許を得た坂本村までの路線、すなわち三井寺下－坂本間が開通するのは、年号も改まった昭和２（1927）年９月10日のことである。また、複線化の完了は、この年の２月14日のことであった。ここに、当初の計画路線石山－坂本間は計画通りの電車運転が実現された。しかし、昭和２年１月21日大津電車は太湖汽船株式会社および湖南鉄道株式会社を合併し、社名を琵琶湖鉄道汽船株式会社と改称。同年２月１日資本金は350万円となった。

一方、京阪電鉄は、この頃すでに湖南汽船をその傘下に入れていたが、湖上交通の主流は新たにできた琵琶湖鉄道汽船が握っており、しかも湖南地域の主要観光地は琵琶湖鉄道汽船の経営する軌道によってつながれていた。したがって京阪電鉄としては、琵琶湖全体の航路を統制して、団体遊覧客の利便を図る点からすると、湖南汽船だけでなく一方の琵琶湖鉄道汽船も合併しなければ意味がないというのが、太田光凞等の考えであった。ちょうどよいことに琵琶湖鉄道汽船の重役藤井善助から湖南汽船の社長風間八左衛門を通じて何らかの話があった。そこで、京阪電鉄は渡りに船とばかりに、琵琶湖鉄道汽船の汽船部だけを切り離して約150万円で買収したうえ、これを湖南汽船に合併させ、昭和４年３月30日、その社名に改めて由緒深い太湖汽船の名称を復活させた。他方、石山から坂本までの電車部門は、京阪電鉄の線路に編入されることとなった。京阪電鉄と琵琶湖鉄道汽船は、昭和３年９月４日合併仮契約書に調印し、翌４年４月11日、合併が実施された。

合併内定のあと、京津線浜大津駅から左右に分かれて東西２線で琵琶湖鉄道汽船経営の線路（旧大津電車）に結びつけ、京都ー石山間と、京都ー坂本間の直通運転の計画が立てられた。そして昭和４年１月竣工、同４月両社合併実施と同時に運転を開始した。ここに、大正初期から観光資源を求めて始まった京阪電鉄の琵琶湖進出作戦は成功のうちに終わったのである。

比叡登山鉄道

明治中期以後、ヨーロッパ人たちは、軽井沢（長野県北佐久郡）などの山や高原を避暑地としていたが、東の軽井沢に対して西の避暑地として、天下の霊峰比叡山（大津市坂本本町）もにぎわいをみせることとなった。明治24（1891）年８月21日付『中外電報』は「叡山に避暑の外客」と題して次のような記事を載せている。

比叡山弁慶谷に目下避暑中なる外国人は総数100名程にて、此の頃は山中の景色も見尽したるにや。三々五々山麓なる坂本村三橋（日吉大社内の石橋で、豊臣秀吉の寄進といわれる）辺へ遊びに来るよし……。

比叡山延暦寺は、天台宗の総本山であり、伝教大師（最澄）の創建にかかる国家鎮護の道場である。この比叡山に、琵琶湖方面から参詣するものの登山を容易にするという目的で、比叡山ケーブルカー計画が生まれた。この敷設免許については大津電車軌道株式会社、比叡登山鋼索鉄道株式会社発起人京都市柴田弥兵衛ほか19名、叡山電気鉄道株式会社発起人大阪市上田弥兵衛ほか35名の３者が、それぞれ大正８（1919）年以来滋賀郡坂本村か比叡山に達するケーブルカー（鋼索鉄道）敷設を出願し、競願対立の状況にあった。しかし、３者合同するのが目的達成の途であるとしてついに大正11年11月合同のうえ、改めて同年11月29日比叡登山鉄道株式会社発起人連名のもと、鉄道大臣宛免許申請を出願、大正13年４月になってようやく許可を得た。

そこで同月28日発起人会を開催。羽室亀太郎（当時京津電車常務取締役）・柴田弥兵衛・藤井善助（のち琵琶湖鉄道汽船重役）・藪田勘兵衛（のち琵琶湖鉄道汽船社長）・藤安三之助・川口源之輔の６名が創立委員に選ばれ、翌５月19日、創立委員会で羽室亀太郎が委員長に推挙された。同年７月９日定款（会社などの根本規則）作成、同年９月４日から株式募集、同月20日第１回の払い込み金10万円はことなく集まった。そして、同年10月23日滋賀県公会堂で創立総会を開催し、同11月６日大津区裁判所に登記を完了した。

ここに、比叡登山鉄道株式会社は成立した。資本金は100万円、社長は羽室亀太郎、本社は大津市上京町にあった。

叡山中堂駅から山麓の坂本駅に至る区間の軌道敷設工事は、大正14年11月３日から始まった。トンネル２ヵ所、橋梁６ヵ所をかぞえるかなりの難工事であったが、ついに昭和２（1927）年２月27日竣工し、同年３月15日から営業運転を開始した。

当初、資本金の過半数は京都電燈株式会社が所有しており、同社の傍系会社となっていたが、同社が関西配電株式会社に統合されたのちは系列を離れて独立し、営業を続けた。

比叡登山鉄道はケーブルカー営業であって、先の京津電車や大津電車とは少しその趣を異にするところがある。とはいえ、大正期に入りますます顕著になる、信仰から観光への動きを背景に登場していることは想像に難くない。

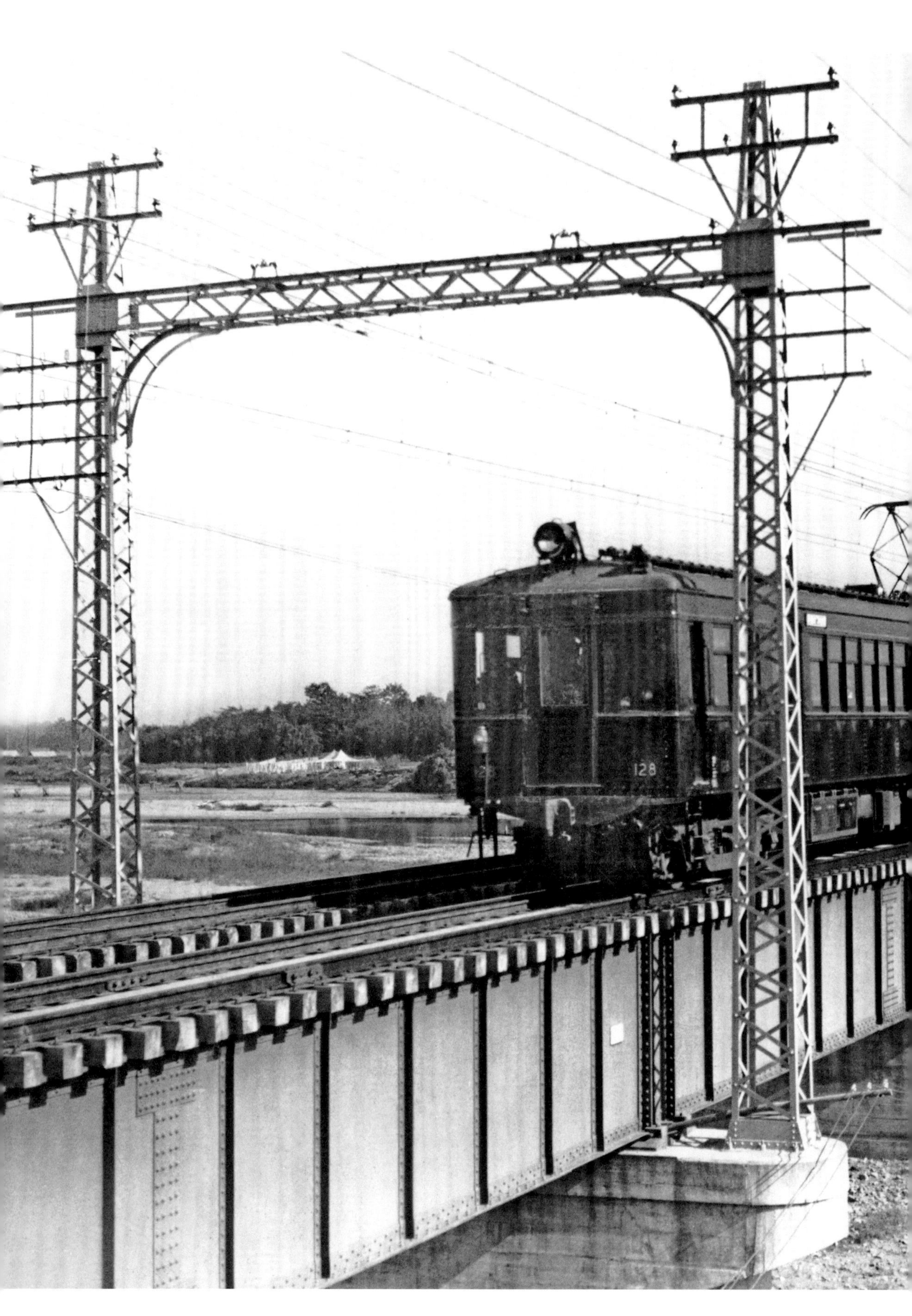
128

阪急電鉄

新京阪鉄道、高槻町（現・高槻市）～京都西院（現・西院）間の開通日に撮影の桂川橋梁を渡るP-6で天神橋行。後の京阪電気鉄道との合併後はデイ100。高規格路線の新京阪鉄道と水準の高い長距離用高速電車で、都市間を結ぶインターアーバンを目指した。
◎西京極～桂
1928（昭和3）年11月1日
撮影：朝日新聞社

1963（昭和38）年６月17日、京阪神急行電鉄（阪急）の京都本線が地下線により河原町駅まで延伸開業。写真は開通式の様子。天神橋行の祝賀列車が写る。◎京都線　河原町（現・京都河原町）1963（昭和38）年６月17日 撮影：朝日新聞社

祝

近江鉄道

先頭は木造車デハニ２形９。デハ1形からの改造で、手荷物室を設けてデハニ２形９になった。手荷物室には仕切り板はなく、荷物がある時はチェーンで仕切り、積載がない場合は旅客が立って利用することができた。お椀型ベンチレーターである。側面には行事や催しの案内を差し込む枠が付いていた。最後尾はハニ２。近江鉄道八日市線の前身である八日市鉄道の蒸気動車を客車化した車両。下の写真は振り返り写真でハニ２側からの撮影。蒸気動車時代に機関室が配置された側が写る。鳥居本駅は昭和初期の新線、米原～彦根間の開業時に設置された駅で、昭和初期の洋風駅舎。写真左端に現存する駅舎が写るが、手前に写る建物は現存しない。
◎本線　鳥居本　1962（昭和37）年８月13日　撮影：荻原二郎（２枚とも）

ED31形314＋クハ1206＋モハ８（元モハ４）。珍しい写真で、ED314が、武蔵野鉄道時代の元西武鉄道モハ211形の車体を載せた電車を牽引する。ED31形は伊那電気鉄道（現・飯田線の一部）デキ１形として登場。同鉄道の国有化の後、ED31形になった。ED31形は上信電気鉄道（現・上信電鉄）へ譲渡された１両以外は、西武鉄道で使用された車両を含めて各号が近江鉄道へ集結。写真のED314は、貨物輸送廃止後も平成まで保線工事の臨時列車（工臨）や電車牽引のイベント列車に使用され、現在は東近江市内の元酒造会社敷地で静態保存されている。
◎本線　鳥居本　1962（昭和37）年８月13日　撮影：荻原二郎

ロコ1101。元阪和電気鉄道の凸型入換用電気機関車。近江鉄道でも入換用として使用され、平成まで稼働していた。末期は彦根駅構内のミュージアムで展示。しかし、同館の閉館で解体処分となった。彦根駅や専用線以外では、高宮駅で開催されていた当時のガチャコンまつり展示において彦根～高宮間を回送のほか、新八日市駅での展示ではED313牽引＋ロコ1101によって高宮以南の本線、八日市線にも回送ながら入線している。
◎本線　彦根　1967（昭和42）年５月６日　撮影：日暮昭彦

彦根駅発車後、佐和山トンネルへ向けて勾配を行くクハ1212制御車。相手はモハ51形。両車ともに前面２枚窓だが、131形や1形のような前面の傾斜がない。モハ51形は後に銚子電気鉄道へ譲渡された。勾配を上がると彦根の町並みが広がり、琵琶湖を遠望できる。写真では霞が掛かってわかりづらいが、山頂に３層の天守が写り、国宝の彦根城天守である。近江鉄道には２本のトンネルがあり、うち１本はこの佐和山トンネル、もう１本は日野～水口松尾間（写真当時は日野～水口間）の清水山トンネルだ。◎本線　彦根～鳥居本　1967（昭和42）年５月６日　撮影：日暮昭彦

モハ131＋クハ1214＋旧型車。131形は1形同様の湘南型２枚窓で、一見すると見分けが付きにくいが、モハ131形は米原方にパンタグラフ、モハ１形は貴生川方にパンタグラフの違いがある。モハ131＋クハ1214の編成は、モハ132＋クハ1215の編成よりも竣工が遅く、先に竣工のモハ132＋クハ1215に当初のみ取り付けの運転台下の２灯前照灯や行先表示器がない。◎本線　彦根口　1967（昭和42）年５月22日　撮影：荻原二郎

モハ133形モハ133＋クハ1216形クハ1216＋旧型車。モハ133形＋クハ1216形は、西武鉄道のモハ241形とクハ1241形で、武蔵野鉄道デハ5560形、サハ5660形として昭和初期に落成した。横幅のある一段窓で３扉車。近江鉄道にとって異色のスタイルをした車両であった。◎本線　高宮　1965（昭和40）年５月16日　撮影：荻原二郎

町の名は五個荘だが、駅名は五箇荘。クハ1210ーモハ135ー郵便荷物合造小型車による３両編成が写る。クハ1210＋モハ135は、京浜急行400形の車体を15m級にして２扉化した車両。小型車は客車を改造したもの。高架は東海道新幹線で、昔のシチズン時計のCMでは、五箇荘駅に到着した近江鉄道の電車と０系新幹線が交差するシーンがあった。右側に写る木造駅舎は現存しない。写真にはタブレット授受器を受け取る仕草を見せる駅員が写る。現在は駅員無配置。写真左奥には砂利採取用の引込み線が本線横に写る。当時は愛知川の河原まで引込み線があったが、現在は県道手前までで、線路の保線用資材の運搬に使用されている。引込み線には、平成中頃までED31形が入線していた。
◎本線　五箇荘 1967（昭和42）年５月22日　撮影：荻原二郎

1961(昭和36)年に登場した湘南型２枚窓のクハ1215＋モハ132（写真側から）。前照灯が運転台下に２灯で行先表示器を備えたマスクは、当時の近江鉄道にとっては斬新だったが、後に両方とも撤去され、前照灯は運転台上に１灯化された。その１灯化の際に前照灯取り付けのために中央部分をやや盛り上げ、これによって、施工前と施工後では前面スタイルの印象が異なった（施工前は写真のようにフラットに近い状態）。なお、モハ131＋クハ1214は、車番が若いにも関わらずモハ132＋クハ1215が登場した翌年に落成し、当初から運転台上に前照灯1灯で行先表示器の設置はなかった。◎本線　日野　1967（昭和42）年５月22日　撮影：荻原二郎

戦国武将蒲生氏郷の生誕地で近江商人発祥地のひとつである日野。駅は日野の中心部から離れているが、周辺へのバスが発着する地域のターミナル。写真は近江鉄道本線の利用者がピークだった1960年代で、駅に活気がある。電話ボックスは赤い屋根にクリーム色。それが丹頂鶴をイメージさせることから、このタイプの電話ボックスは丹頂型と呼ばれた。写真の駅舎は近年までさほど変わらない状態だったが、現在は修復復元をともなうリニューアルが行われ、写真左側の駅事務室がカフェや観光案内所になっている。◎本線　日野　1967（昭和42）年５月22日　撮影：荻原二郎

上りホーム八日市、彦根方面に到着の1形。1963(昭和38)年に登場し、1966(昭和41)年まで製造投入された1形は当時の新型。水口駅は水口の町の中心地からはやや離れた市街地の東に位置する。旧東海道の宿場町だったところは、隣駅の水口石橋駅が最寄り駅。◎本線　水口　1967(昭和42)年5月6日　撮影：日暮昭彦

モユニ11。京王デハ1700形の車体を載せて両運転台化したモハ204として登場した後、1980(昭和55)年に荷物・郵便合造車となり形式を変更してモユニ11になった。明治時代に始まった近江鉄道の郵便輸送は、1984(昭和59)年に幕を閉じた。◎本線　貴生川　1983(昭和58)年11月13日　撮影：荻原二郎

500形。譲渡車両の車体流用ではなく、自社工場製の新造オリジナル車体。貫通扉のある３扉車で、増客を見込んだ設計。同じく自社車体新製の湘南型２枚窓の１形「近江形」に対して500形は「新近江形」と呼ばれた。行先板の位置は後に貫通扉へ移し、透明のカバーを設置。乗務員室から行先板を交換できるようになり、山吹色にグレー帯の塗装へ変更した。
◎本線　貴生川　1972(昭和47)年10月１日　撮影：荻原二郎

終端側から見た駅で、奥が米原方面。米原行の行先板を差し込んだモハ200形モハ201がこの後折り返す。モハ200形モハ201＋クハ1200形クハ1201。モハ200形＋クハ1200形は、小田急1600形の車体を載せた小田急顔の近江鉄道電車。ただし、クハ1201はクハ1650形の車体。後の全線ワンマン運転により、ワンマン化工事を施工しなかったモハ200形＋クハ1200形の全車が休車、その後廃車、解体された。◎本線　貴生川　1983(昭和58)年11月13日　撮影：荻原二郎

八日市行の1形。右側に見える山は蒲生野のシンボル船岡山。蒲生野は万葉集に詠まれた舞台として知られ、額田王と大海人皇子(後の天武天皇)が交わした「あかねさす～(額田王)」から始まる恋の歌が有名。船岡山には歌碑がある。太郎坊(現・太郎坊宮前)の駅名は「たろぼう」と読み、駅付近の太郎坊宮は「たろうぼうぐう」と「う」を付けて読む。駅名が太郎坊宮前へ改称後も太郎坊駅時代と同じく「う」が付かない「たろぼうぐうまえ」と読む。なお、地元では太郎坊宮を「たろぼうさん」と「う」を付けないで呼ぶ人が多い。駅名の読みはそうした地元の読み方に倣って付けたと思われる。
◎八日市線
太郎坊(現・太郎坊宮前)～新八日市
1967(昭和42)年5月6日
撮影：日暮昭彦

八日市～近江八幡間の八日市線を往復する1形。写真右側は現在、近江八幡駅南口ロータリーやイオン近江八幡ショッピングセンターがあるところ。当時の近江八幡駅の駅出入口は国鉄側の北口のみで、近江鉄道側は駅裏だった。
◎八日市線　近江八幡
1967(昭和42)年5月6日
撮影：日暮昭彦

クハ1216形クハ1216＋モハ133形モハ133。東京の武蔵野鉄道時代からの大型一段窓車で、どこか優雅な雰囲気だった。写真は八日市側から撮影した近江八幡駅。八日市線は湖東の2つの主要都市である八日市市(現・東近江市)の八日市駅と近江八幡市の近江八幡駅を結ぶ路線で、近江八幡駅での国鉄(現・JR)との乗換客が今も昔も多い。コロナ禍前の八日市線は黒字で赤字の本線とは異なる。ホームの位置や配線は写真当時と変わらないが、現在、写真左側には大型ショッピングセンターやマンションが林立し、風景が一変している。
◎八日市線　近江八幡
1962(昭和37)年8月13日
撮影：荻原二郎

京福電気鉄道

阪急の西院駅は「さいいん」と読むが、京福の駅名は「さい」と読む。写真手前の嵐山方面ホームから写したモボ111形112とモボ121形126の２枚。現在のこの位置に嵐山方面行ホームは無く車庫前へ移転し、四条大宮方面ホームと千鳥配置になっている。◎嵐山本線　西院　上の写真　1961（昭和36）年６月１日　撮影：井口悦男、
下の写真　1958（昭和33）年２月17日　撮影：荻原二郎

西院駅と道路を挟んだ向うに広がる西院車庫。現在は、片側のホームのみ移転したことで、ホームから線路を挟んだ向うでもある。写真は車庫建屋に並ぶ風景などで、各所での撮影。現在もこの場所に車庫が広がる。
◎嵐山本線　西院車庫
1967（昭和42）年５月８日
撮影：日暮昭彦
（３枚とも）

三条口（現・西大路三条）～山ノ内間の併用軌道を行く。山ノ内駅は、上り下りともに安全地帯にあるホーム。その幅はかなり狭い。写真左側にボンネットバス、写真右側にボンネット型のトラックが写り、時代を感じさせる。
◎嵐山本線　上の写真　三条口（現・西大路三条）～山ノ内　1967（昭和42）年５月８日
下の写真　山ノ内～三条口（現・西大路三条）1967（昭和42）年５月８日　撮影：日暮昭彦（２枚とも）

上の写真はモボ121形122＋ク201形ク201。片運転台車の制御車。制御電動車ではなく制御車だが、運用上トロリーポールが付いた。左の写真はモボ121形129。京都市電と平面交差し、右端には京都市電が写る。
◎嵐山本線
三条口（現・西大路三条）付近
1975（昭和50）年11月16日
撮影：荻原二郎
（２枚とも）

下り嵐山行でトロリーポールのモボ301形301。モボ301形は1971（昭和46）年製。現在も1両のみ在籍する人気車両だ。三条口（現・西大路三条）は千鳥配置で、写真左側に写るのは上り用の電停。下り用は単式ホームである。
◎嵐山本線
三条口（現・西大路三条）
1972（昭和47）年５月８日
撮影：荻原二郎

２両編成２両目のモボ111形117が太秦駅へ走り去って行くところ。嵐電人気撮影地の太秦広隆寺の楼門前にて。
◎嵐山本線　太秦（現・太秦広隆寺）付近　1975（昭和50）年11月16日　撮影：荻原二郎

帷子ノ辻行電車が到着。北野線の終点、帷子ノ辻駅の昔日の様子。嵐山本線との乗換駅で、小さなプラットホームの上屋からも軌道路線の雰囲気が感じられる。◎嵐山本線・北野線　帷子ノ辻　1967（昭和42）年５月８日　撮影：日暮昭彦

嵐山線と北野線の分岐駅、帷子ノ辻駅。当時はまだホーム上の駅ビルが無く空が見えた。賑わうプラットホームの様子で、写真左が嵐山線、右が北野線。学生服の生徒がたくさん写るが、その前で構内通路の階段に立つ駅員の制服も詰襟である。北野線のほうには頭にスカーフを被った女性。昭和40年代頃まではよく見掛けたが、現代ではあまり見ないような気がする。下の一枚は電動貨車501が写る貴重な写真。
◎嵐山線・北野線
帷子ノ辻
上の写真
1961（昭和36）年５月１日
下の写真
1959（昭和34）年４月２日
撮影：荻原二郎
（２枚とも）

1973（昭和48）年竣工の駅ビルが写真右側に写る。駅ビルにはスーパーのジャスコが入店。駅ビルはプラットホームの真上に位置する。駅前に自転車が雑然と並ぶ風景も昭和らしい。タカラブネは京都発祥の洋菓子チェーンで、昭和50年代から平成にかけて多くの店舗があり、京都や滋賀の駅前でもよく見られた。
◎嵐山本線・北野線
帷子ノ辻
1975（昭和50）年11月16日
撮影：荻原二郎

常盤～帷子ノ辻間の２枚。1967（昭和42）年当時の沿線とともに。常盤～帷子ノ辻間は北野線の中では駅間距離が長かったが、2016（平成28）年に駅間に撮影所前駅が開業。山陰本線太秦駅や東映京都撮影所、東映太秦映画村が徒歩圏内だ。
◎北野線　常盤～帷子ノ辻
1967（昭和42）年５月８日
撮影：日暮昭彦（２枚とも）

帷子ノ辻側から見た常盤駅。鳴滝～常盤間は複線区間で、写真奥の向こう、鳴滝駅までは複線。写真手前は帷子ノ辻に向けての単線。他の北野線区間は単線だ。手始めに鳴滝～常盤間が1930（昭和5）年に複線化されたが、その後の計画は進まなかった。下の写真は常盤駅のホームから。◎北野線　常盤　1967（昭和42）年５月８日　撮影：日暮昭彦（２枚とも）

北野線は北野白梅町～帷子ノ辻間の路線。写真はいずれも北野白梅町～等持院間で撮影のもの。縦位置の写真奥に車庫のような北野白梅町駅が写る。等持院駅は、2020（令和２）年に等持院・立命館大学衣笠キャンパス前へ駅名改称した。
◎北野線　北野白梅町～等持院
1967（昭和42）年５月８日
撮影：日暮昭彦
（98ページの上と下、99ページ上の写真とも）

1958（昭和33）年に北野～白梅町間が廃止。後日、白梅町から北野白梅町へ駅名改称した。写真は昭和40年代の様子。駅舎は頭端式ホームの先に位置。後に水色地に白文字の大きな駅名標が掲げられたが、写真中央出入口上の京福電車北野白梅町駅のレトロな文字はずっと残っていた。ごく近年まで存在した駅舎で令和も迎えたが、リニューアル事業により解体。車庫のような覆いのあった頭端式ホームののりばも解体され、現在は大変シンプルな駅になった。
◎北野線　北野白梅町　1972（昭和47）年5月8日　撮影：荻原二郎

写真当時の駅前には、京都市電今出川線が走り、加茂大橋電停があった。加茂大橋は鴨川に架かる橋で、橋からは五山の送り火で知られる大文字山を望むことができる。櫛形ホームの先の駅舎で、写真に写る古風な屋根は現存するが、現在、新駅舎によって見えず、ホーム側であれば見ることができる。駅舎出入口の看板は、「比叡京福ランド」のPR看板。1964（昭和39）年開園の八瀬遊園（新）と従来からの比叡山頂遊園やかまぶろヘルスセンターなどをまとめて「比叡京福ランド」と呼んでいた。1964（昭和39）年に開園した八瀬遊園は２代目で、初代は大正末期に開園。初代にもプールや水族館などがあったが、1935（昭和10）年に洪水被害にあった。２代目の八瀬遊園は、旧八瀬遊園の向かい（高野川対岸）に開園した。
◎叡山本線　出町柳　1965（昭和40）年５月14日　撮影：荻原二郎

元田中駅に到着する鞍馬線岩倉行のデナ121形。1990（平成２）年に鞍馬線岩倉駅から二軒茶屋駅までが再び複線になるまで、鞍馬線岩倉駅発着の折り返し運用があった。◎叡山本線　出町柳～元田中　1967（昭和42）年５月８日　撮影：日暮昭彦

上と中の写真はデナ21形やデナ121形が走った当時。窓上の曲線が優雅な雰囲気を出していた。元田中駅は出町柳駅の隣駅。沿線は京都市街地の東、左京区である。下の写真は同区間で撮影の元阪神831形デナ500形。
◎叡山本線
上と中の写真
出町柳～元田中
1967（昭和42）年５月８日
下の写真
元田中～出町柳
1967（昭和42）年５月８日
撮影：日暮昭彦（３枚とも）

上と中の写真は駅を発車して東大路通交差点に入る元阪 神831形 の デ ナ500形。東大路通で京都市電東山線と交差した。市電は1978（昭和53）年に廃止。下の岩倉行の写真は、デナ121形122、鞍馬線岩倉行。写真左側に写るのが京都市電東山線と元田中駅付近の叡電前電停。1955（昭和30）年まで叡山本線への市電乗り入れが行われ、その渡り線が残存していた。
◎叡山本線　元田中
上の写真
1975（昭和50）年11月16日
中の写真
1965（昭和40）年５月13日
下の写真
1965（昭和40）年５月14日
撮影：荻原二郎（３枚とも）

デナ121形124。デナ121形は、デナ21形と同型車だが、鞍馬線の勾配用に発電ブレーキを搭載して製造。ただし、写真は八瀬遊園（現・八瀬比叡山口）発出町柳行で、平坦線でも運用された。茶山駅から徒歩圏内には、数多くの近代洋風建築を設計したウィリアム・メレル・ヴォーリズによる駒井家住宅（1927年設計）がある。
◎叡山本線　茶山　1972（昭和47）年５月８日　撮影：荻原二郎

デナ21形23で鞍馬線岩倉行。宮本武蔵も滝行をしたと伝わる狸谷山。狸谷不動尊下車駅と記された案内板がホームに立つ。狸谷山不動院は、駅からすぐではなく、徒歩約20分である。
◎叡山本線　一乗寺　1965（昭和40）年５月14日　撮影：荻原二郎

◎叡山本線　修学院
1965（昭和40）年５月14日
撮影：荻原二郎

デナ１形廃車体。デナ１形は京福電気鉄道の前身会社、京都電燈が開業に向けて製造した車両。1925（大正14）年製。片開き２扉車だった。1964（昭和39）年にデナ500形へ置き換わり廃車。修学院車庫で1970（昭和45）年まで倉庫や職員の休憩所として活用された。
◎叡山本線　修学院車庫
1965（昭和40）年５月14日
撮影：荻原二郎

電動貨車は嵐電1形を改造したデワ101形101。
◎叡山本線　修学院車庫
1965（昭和40）年５月14日
撮影：荻原二郎

上の写真はデナ500形２連。他の写真は窓上に丸みのあるデナ121形とカルダン駆動デオ300形。写真当時の修学院駅は旧駅で、1970（昭和45）年に南100mの地点へ移設している。元々沿線の中では住宅が多いほうで、その後の発展でさらに住宅地が広がった。
◎叡山本線
修学院～一乗寺
1967（昭和42）年５月８日
撮影：日暮昭彦（３枚とも）

今から56年前の修学院車庫。デオ200形、デナ500形、デナ21形が並ぶ。写真は1967（昭和42）年当時の様子で、山並みが見える。現在は周辺にマンションなどが建ち並んでいる。
◎叡山本線　修学院車庫
1967（昭和42）年5月8日
撮影：日暮昭彦（3枚とも）

デナ121形124、デナ500形、そして電動貨車デワ101形。宝ケ池は鞍馬線の分岐駅。外側それぞれに相対式ホームがあり、中央に島式ホーム。３面４線の比較的広い駅構内である。鞍馬線の電車は宝ケ池駅で折り返し運転ではなく、叡山本線直通の出町柳駅発着だ。1954（昭和29）年に山端から駅名改称して宝ケ池駅となった。
◎叡山本線・鞍馬線
宝ケ池
1967（昭和42）年５月８日
撮影：日暮昭彦（３枚とも）

駅は櫛形ホームだが、駅舎はその奥ではなくホーム左側に位置する。写真当時は八瀬駅。撮影年の８月に八瀬遊園駅へ駅名改称した。現在は八瀬比叡山口駅。優雅な駅舎は変わらず残っている。
◎叡山本線　八瀬（現・八瀬比叡山口）1965（昭和40）年５月14日　撮影：荻原二郎

デオ300形301がカルダン駆動の音を奏でながら牧歌的な風景を走った時代。複線用の架線柱が立ち、戦時中の供出で単線化されたままだった。再複線化は1990（平成２）年。現在、このあたりはすっかり閑静な住宅地になっている。
次のページの写真２枚は木野付近を走るデナ121形。
◎鞍馬線　木野付近　1967（昭和42）年５月８日　撮影：日暮昭彦（次のページ上と下の写真とも）

3

デオ300形302。当時は宝ケ池〜岩倉間が複線、岩倉〜二軒茶屋間が単線で、岩倉駅発着の折り返し電車もあった。1965(昭和40)年当時のホームの様子で、ホーム上屋が短く、どこか牧歌的な雰囲気が漂っていた。
◎鞍馬線　岩倉　1965(昭和40)年5月13日　撮影：荻原二郎

貴船口駅に到着するカルダン駆動のデオ300形301鞍馬行と後追い。プラットホームの端は府道を跨ぐ鉄橋の上にある。
◎鞍馬線　貴船口　1967(昭和42)年5月8日　撮影：日暮昭彦(2枚とも)

鞍馬駅で発車を待つ出町柳行。カルダン駆動の大型車デオ300形。鞍馬駅はその名のとおり、鞍馬寺への下車駅。ホームは１面で、その先に寺院風の古風な駅舎がある。駅は出口と入口が別になっている。駅舎正面からの写真は1965（昭和40）年当時の様子。現在もこの当時の面影を残す古風な駅舎だが、後に改修された駅舎だ。
◎鞍馬線　鞍馬　1965（昭和40）年５月13日　撮影：荻原二郎（２枚とも）

1925（大正14）年12月開業。戦中の休止を経て1946（昭和21）年再開。写真は１の後追いと２。両車は1955（昭和30）年に日立製作所で製造された。八瀬遊園が1964（昭和39）年に開園し、1965（昭和40）年に西塔橋駅からケーブル八瀬遊園駅へ改称。現在はケーブル八瀬駅である。
◎鋼索線　ケーブル八瀬遊園（現・ケーブル八瀬）〜ケーブル比叡　1967（昭和42）年５月８日　撮影：日暮昭彦（２枚とも）

鞍馬山鋼索鉄道

鞍馬山鋼索鉄道は、鞍馬寺が運行するケーブルカーで山門駅と多宝塔駅を結び運賃は無料。写真は1996（平成８）年に登場した３代目車両牛若號Ⅲ（現在引退）。日本のケーブルカーの多くが採用しているつるべ式の交走式ではあるが、多くのケーブルカーでは２両が行き来するのに対して、鞍馬山鋼索鉄道は１両の車両と錘が上下を行ったり来たりする。車両はゴムタイヤ式。室内灯や前照灯などの電源は３代目車両導入時に軌道横からの集電になり、架線のないすっきりした姿になった。４代目牛若號Ⅳでは、それらの電源は充電式を採用。
◎多宝塔　1998（平成10）年５月９日
撮影：荻原俊夫

比叡山鉄道（坂本ケーブル）

比叡山鉄道のケーブルカーは、滋賀県大津市に所在する比叡山延暦寺へのアクセス交通。伊香保ケーブル鉄道廃止後は、日本最長のケーブルカーで、途中駅もある。写真は1958（昭和33）年に導入した２代目車両の鋼製車。
◎坂本（現・ケーブル坂本）
1959（昭和34）年11月23日
撮影：荻原二郎

丹後海陸交通（天橋立鋼索鉄道）

日本三景の天橋立を望む天橋立傘松公園へアクセスするケーブルカーで天橋立ケーブルカーと呼ばれる。正式名は天橋立鋼索鉄道で、戦中に廃止、解散した同名の天橋立鋼索鉄道に代わって、丹後海陸交通が天橋立鋼索鉄道として1951（昭和26）年に再開業した。写真は傘松駅へ向けて登る２号からの撮影で、下降する1号が写る。
◎傘松～府中 1960年代
撮影：日暮昭彦

京都市営地下鉄

京都市営地下鉄烏丸線の開通式の様子。北大路～京都間の開業（営業開始）は1981（昭和56）年５月29日で、開業日の前日に開通式を行った。京都市交通局は開業日の５月29日を「地下鉄の日」にしている。
◎烏丸線　京都　1981（昭和56）年５月28日　撮影：朝日新聞社

京都市営地下鉄東西線開業を前にして京都市が企画した「トンネルウォーク」での一枚。翌年10月に開業を迎えた。
◎東西線　1996（平成８）年11月26日　撮影：朝日新聞社

京都市電

日本で最初に電車を運行したのは民営の京都電気鉄道。京電と呼ばれた。写真は1897（明治30）年頃で、鴨川に架かる二條大橋の脇を渡るところ。当時の車両は乗降扉のないオープンデッキは勿論のこと、前面窓さえ無かった。なお、この当時は電車の前を走りながら通行人などに注意喚起する告知人という仕事があり、少年が多かった。京電の職員ではなく親方が仕切る仕事で、特に猛暑や底冷えがする季節での前走りは大変だった。◎1897（明治30）年頃　提供：朝日新聞社

網で救う大きな救助網が付いていた時代。救助網は、人や動物などを含む運行の妨げとなるものを救って車両に巻き込まないようにするもの。跳ね飛ばすのみの排障器とは異なる。
◎北野
1935（昭和10）年５月16日
撮影：裏辻三郎

京都の狭い道も走った堀川線（北野線）。西洞院通沿いの川を暗渠にしたことで複線の軌道を敷くことができた。狭軌１形は、明治時代に京都電気鉄道（京電）が導入して以来、京都市電堀川線廃止まで使用した形式。ずっと、乗降扉のないオープンデッキだった。
◎西洞院六条付近
1961（昭和36）年５月１日
撮影：荻原二郎

堀川沿いを走る狭軌１形。車両番号の前にＮが付いていた当時の写真。このＮの表記は、広軌１形と区別するためのもので、広軌１形全廃後は必要が無くなり、Ｎが付かなくなった。
◎1954（昭和29）年６月７日
撮影：荻原二郎

中立売通と狭軌１形２両。写真左側へ分岐する軌道は北野車庫方面。中立売通の軌道から入るとすぐに狭軌車両用の北野車庫だった。
◎下ノ森付近　1960年代
撮影：井口悦男

京都駅前に立っていた堀川線の沿線案内図。丸物と京都市交通局の連名。
◎京都駅前
1961（昭和36）年５月１日
撮影：荻原二郎

大型ボギー車の500形。写真手前は市電から京福電気鉄道叡山本線への渡り線（後述）。戦中に市電が延伸。叡電前の停留場名は、大正時代開業の叡山電鉄平坦線や同線の元田中駅付近であったから。市電延伸の前年に叡山電鉄平坦線は京福電気鉄道叡山本線になったが、叡電の呼び名が浸透していた。叡電は軌道線の嵐電とは異なり鉄道線で、従来であれば市電の軌道線と鉄道線の叡電が平面交差することは認められないが、戦中の特認により平面交差した。戦後、平面交差付近の渡り線を使って叡山本線宝ケ池駅まで市電が乗り入れを行い、競輪場の観客を運んだが、写真の翌年に乗り入れは廃止された。
◎叡電前　1954（昭和29）年６月８日　撮影：荻原二郎

写真右は京阪神急行電鉄（阪急）の京都駅で後の大宮駅。300形はボギー車以前の半鋼製車。ボギー車後の京都市電の写真は多く見られるが、それまでの形式の写真となると格段に少ない。写真の撮影は昭和30年代はじめ。以後の京都市電は昭和30年代にピークを迎えることから非ボギー車の淘汰が進んでいった。
◎四条大宮　1956（昭和31）年11月18日　撮影：荻原二郎

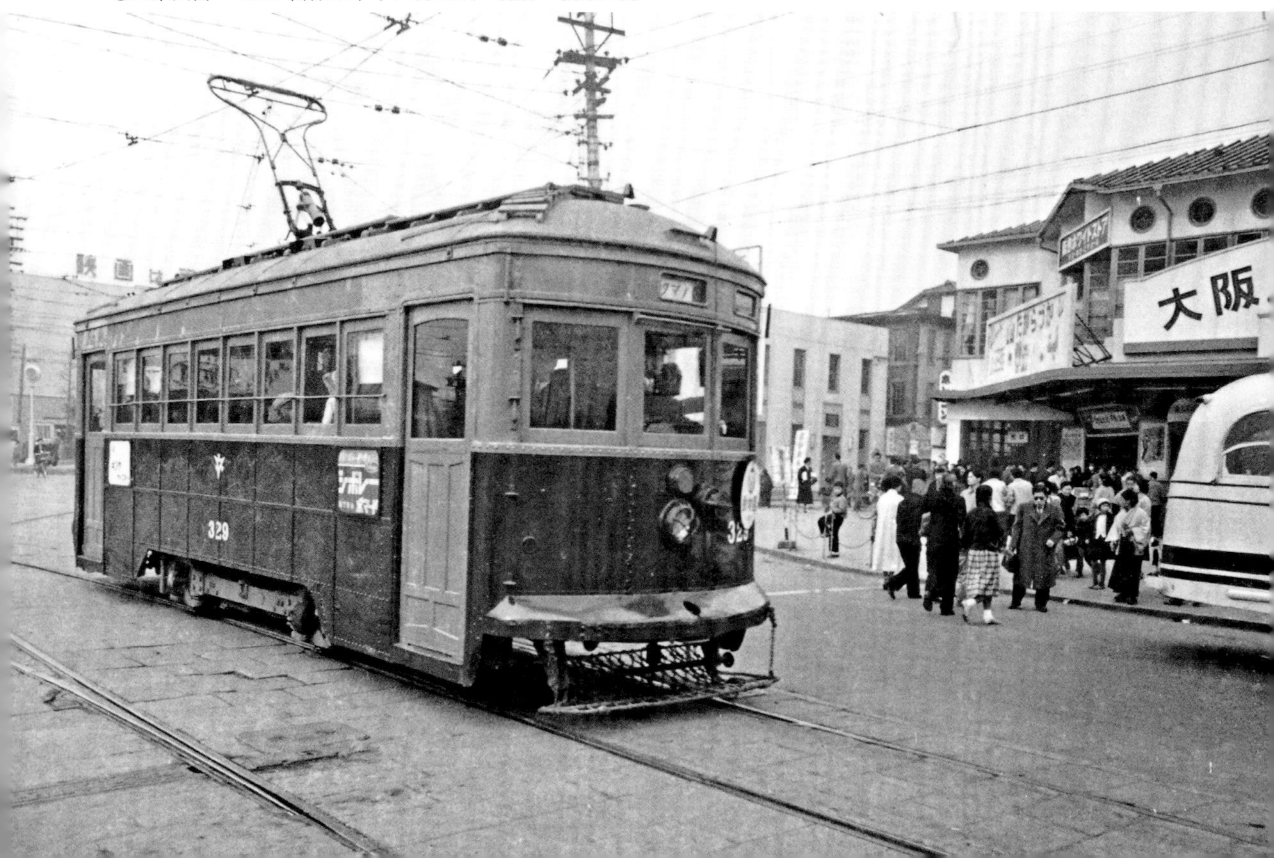

松本旅館の前にあった堀川線(北野線)の停留場。現在の松本旅館はビルになっている。奥に写るのは百貨店の丸物。撮影年は同線廃止の年。松本旅館近くの京都タワーは1964(昭和39)年完成でまだない。N電は狭軌で市電ターミナルとは別の位置にあった。乗客が列を成す横に「北野神社のりば」とある。北野神社とは北野天満宮の旧称。明治から戦後まで北野神社だったが、写真当時は北野天満宮になっていた。
◎京都駅前
1961(昭和36)年5月1日
撮影:荻原二郎

烏丸車庫行の2600形2610。乗り心地が段違いで良くなった2600形。2600形は烏丸車庫に集中配置された。烏丸車庫は、烏丸線延長にともない大正末期に開設。市電の車庫の中で、配置車両数が最も多い車庫だった。
◎四条烏丸付近
1965(昭和40)年5月15日
撮影:荻原二郎

1000形1032。3扉大型のボギー車1000形。熊野神社前停留場付近は、市電丸太町線へ入るところでもある。熊野神社は京の熊野三山のひとつで、聖護院の鎮守社としても知られた。付近の名物として、聖護院かぶの千枚漬や聖護院八ッ橋が有名。
◎熊野神社前付近
1965(昭和40)年5月15日
撮影:荻原二郎

四条通の南側の南座を背景に京阪本線と平面交差する京都市電。４枚折戸の700形。写真の２年前に奈良電気鉄道は近畿日本鉄道へ合併。右に写るのは、近鉄京都線と直通運転を行う三条～奈良間の運行。すでに三條駅の表記は新字体の三条になっていたが、標識はそのままだった。◎四条京阪　1965（昭和40）年８月　撮影：吉村光夫

伏見線の肥後町電停付近を行く900形。このあたりは、酒蔵の町として名を馳せた。900形は前面中央の窓が広く、京都市電ファンに人気のあったスタイルだった。
◎肥後町付近　1969（昭和44）年７月５日　撮影：田谷惠一

東山七条の電停。智積院が近い。
◎1976（昭和51）年１月10日　撮影：日暮昭彦

1970年代の京都駅前。パチンコ店、中国料理店、歯科の看板が写るビル。建物は変わったが、現在もパチンコ店が1階にあり、テナントが入るビルがある。京都駅前の市電ターミナルへ向かおうとするのは、1800形1853。1800形は800形からの改造車で、出口扉を端から中ほどへ移して降車客の利便を図った。◎京都駅前　1973（昭和48）年11月28日　撮影：荻原二郎

1600形1609。京福電気鉄道北野線の北野白梅町駅が写真奥に遠望できる。京福の駅名は北野白梅町だが、京都市電の停留場名は白梅町。◎北野紙屋川町～白梅町　1976（昭和51）年1月10日　撮影：日暮昭彦

今から66年前の京都駅と駅前。1952(昭和27)年完成の３代目駅舎が写る。現在と比べれば駅周辺にビルが少ない。写真右側に写るのは百貨店の丸物。市電が走り、駅前広場が広々としていた。７年後には駅の南側に東海道新幹線の駅が開業する。
◎京都　1957(昭和32)年５月28日　撮影：朝日新聞社

江若鉄道

機関区内の車庫建屋。写真右側は貨物列車を牽引したC形機関車DC251でサイドロッド式。熊延鉄道からやってきた。三井寺下駅は、1921（大正10）年に三井寺～叡山間が開業した際に三井寺駅（後の三井寺下）として開業。新浜大津（後の浜大津）駅までの路線は未開業で、当初は起点駅だった。新浜大津～三井寺間の開業によって起点駅は新浜大津駅になったものの、機関区を備えた重要な駅として発展した。
◎三井寺下
1967（昭和42）年５月７日
撮影：日暮昭彦

キハ5120。1963（昭和38）年にキハ30として新製。バス窓で、前照灯カバーが目立つスタイル。当初からトルコン付きで、1966（昭和41）年に統括制御化。数ヶ月してキハ5120へ改番した。江若鉄道廃止後に関東鉄道へ。
◎三井寺下
1967（昭和42）年５月７日
撮影：日暮昭彦

快速の種別標を付けたキハ5124。前面は改造で異なるが、元は大垣電車区配置のキハ07形で、廃車によって1964（昭和39）年に譲渡されキハ24となった。翌年に総括制御へ改造し、前面をキハ07形とは全く異なる貫通扉付のスタイルへ。翌年にキハ5124に。加越能鉄道へ譲渡の後、関東鉄道へ流れた。
◎三井寺下
1967（昭和42）年５月７日
撮影：日暮昭彦

三井寺下の機関区にて給水塔と1118。鉄道省からの払い下げで、元1070形1118。1118は1070形 の最終車番。1118が導入された昭和10年代の江若鉄道は、安曇〜近江今津間の開業によって浜大津〜近江今津間が全通していた頃。
◎三井寺下
1954(昭和29)年10月
撮影：園田正雄

元は手荷物室を付けたガソリンカーキニ3だった。車体は三岐鉄道キハ1形と同様の車体で製造された。写真当時は気動車の客車化でハフ3に。車体側面中央の○囲みにWは江若鉄道の社章。○囲みは近江のO、Wは若狭を示す。結局は若狭まで延伸することは無かった。
◎三井寺下
1956(昭和31)年11月19日
撮影：江本廣一

気動車王国だった江若鉄道ではあるが、開業当初は蒸気機関車牽引によって始まった。同鉄道は一気に全線を開業したのではなく、少しずつ部分開業を繰り返し、その際に鉄道省から払い下げを受けた蒸気機関車を導入した。6は、元600形662とする説が有力とされている。◎三井寺下　1956(昭和31)年11月19日　撮影：江本廣一(写真2枚とも)

近江今津方面から到着の流線形キハ9。京阪60型の「びわこ号」同様のびわこ形。叡山駅はその名が示すとおり比叡山への下車駅。江若鉄道が初めて開業した区間が三井寺（後の三井寺下）～叡山間で、比叡山延暦寺が江若鉄道の大口株主であった。
◎叡山
1967（昭和42）年5月22日
撮影：荻原二郎

上の写真は客車の1900系。先頭車の前面は浜大津側と近江今津側ともに2枚窓。浜大津側先頭車が1960（昭和35）年製のオハ1959で、近江今津側先頭車が1958（昭和33）年製のオハ1958。明治時代の関西鉄道古典客車を新製車体に載せ替えて鋼体化したもの。下の写真は同日撮影で和邇駅に到着した流線形のキハ9。写真左側に写るホームは一見すると相対式ホームに見えてしまうが島式ホームである。
◎和邇
1967（昭和42）年5月7日
撮影：日暮昭彦（2枚とも）

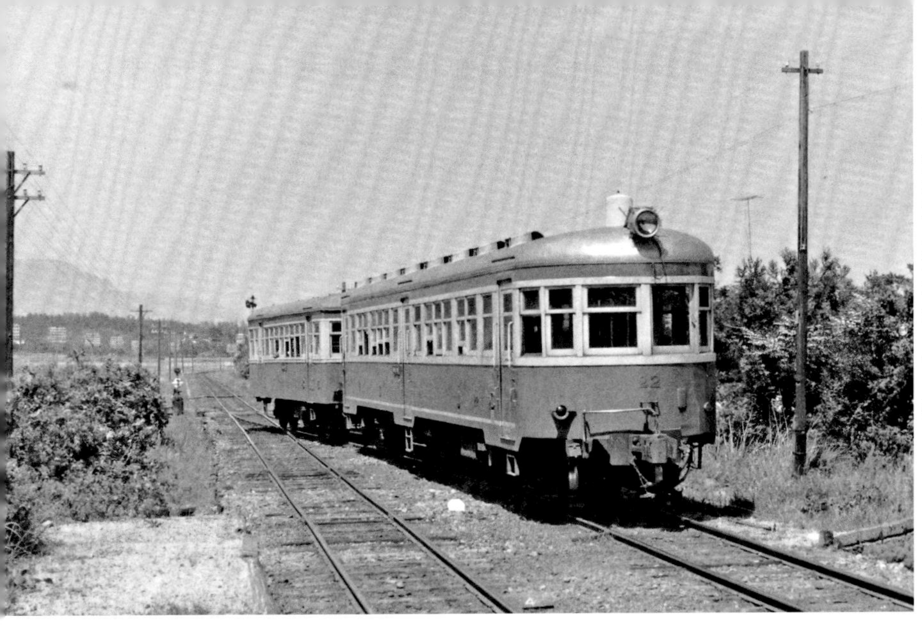

浜大津行がキハ22の先頭でやってきた。写真向こうが近江今津側。近江木戸駅は相対式ホーム2面。駅舎は写真右側の先にあった。キハ22は元国鉄キハ42000形(キハ07形)。国鉄時代の最終配置は国鉄二俣線の遠江二俣機関区。国鉄時代からの原形を維持していた。
◎近江木戸
1967(昭和42)年5月22日
撮影：荻原二郎

白鬚神社の湖中の鳥居とキハ51。キハ51は、1964(昭和39)年廃止の熊本県を走った熊延鉄道から譲渡の湘南型2枚窓の気動車。熊延とはその名が示すとおり、熊本と延岡を結ぶ計画だったからである。江若鉄道も近江と若狭を結ぶ計画があり江若となり、そのあたりの命名が似ている。もう一枚は比良号のマークを付けたキハ51。
◎上の写真　白鬚
1967(昭和42)年5月7日
下の写真　近江今津
1967(昭和42)年5月7日
撮影：日暮昭彦(2枚とも)

オハ2764。国鉄オハ27形を譲渡された客車。1964（昭和39）年に譲り受けた。朝夕の列車に使用された後は、もっぱら夏場の水泳臨時列車が仕事であった。高島町駅は大溝駅として開業。大溝は大溝藩の城下町だった。駅跡は高架の湖西線近江高島駅の下、同駅の駅前広場である。◎高島町　1967（昭和42）年５月７日　撮影：日暮昭彦

江若鉄道の終着駅、近江今津駅。写真奥が浜大津方面。広い駅構内に幅の広い島式ホーム１面があり、側線や機関庫（写真手前側の終端部に）を備えていた。写真左に写るハフ２は、片ボギー車の成田鉄道ガ101を戦中に譲渡されてキハ15としたもので、戦後に郵便室を設けて客車化を行いハユフ15となり、その後、両ボギー車化と２段窓化を行い、1959（昭和34）年に郵便室を無くしてハフ２になった。◎近江今津　1963（昭和38）年３月24日　撮影：荻原二郎

近江今津駅で撮影のハフ8。運転台を取り除いて客車化した車両。下の写真は和邇駅でのハフ2。元郵便室にも乗客が乗る。
◎上の写真　近江今津　1967（昭和42）年５月７日、下の写真　和邇　1967（昭和42）年５月７日　撮影：日暮昭彦（２枚とも）

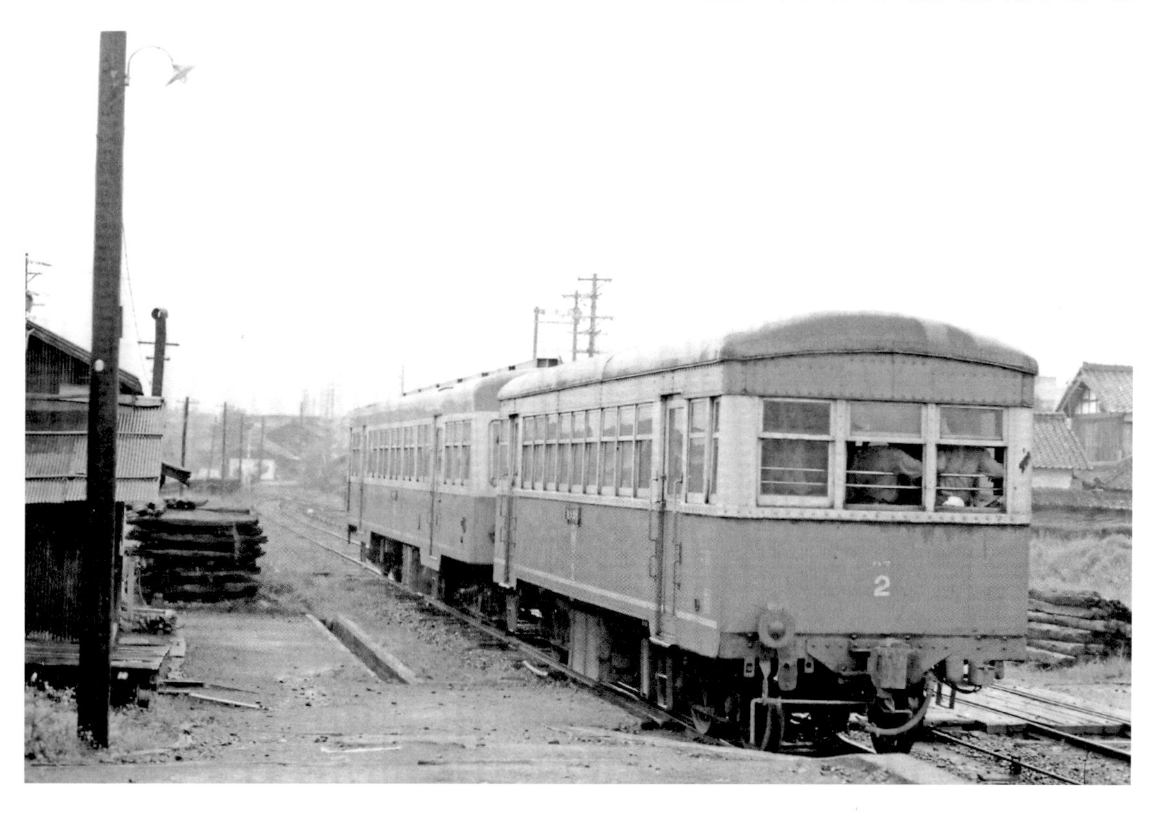

琵琶湖を有する滋賀県らしい鉄道だった江若鉄道。浜大津駅と湖西の近江今津駅間を結び続けた。夏は琵琶湖の水泳客で賑わった鉄道であった。写真はすっかり夏が終わった10月の撮影。もうこの鉄道に夏は訪れず、翌月１日に廃止となり、湖西線の高架の建設が行われ、国鉄湖西線へ生まれ変わった。◎近江木戸付近　1969（昭和44）年10月５日　撮影：朝日新聞社

『マキノ町史』に登場する江若鉄道

海津ー敦賀間国鉄敷設構想

明治維新直後の明治４（1871）年海津と敦賀間を結ぶ鉄道敷設構想があった。この構想は、明治維新の改革に伴う全国交通網整備の一環として構想されたものである。

当時、早急に全国交通網を整備する必要があり、取りあえず船便の利用できる所はこれを利用し、船便利用のできない陸地部分にまず鉄道を敷設して汽車を走らせ、船便と鉄道便でつないで全国交通網を整えようというものであった。

近畿では主要都市である京都ー大阪ー神戸間を汽車で結び、それと共に海津ー敦賀間に汽車を走らせるという構想で、京阪神から琵琶湖を船便で北上、海津から汽車で敦賀へ出、敦賀からはさらに日本海船便で結ぼうというものであったらしい。

東京ー横浜間に、初めて汽車が走ったのは明治５年９月だから、明治４年のこの構想は、当時としては妥当なものであったのだろう。もしこの構想が実現していたら、おそらく当町の姿は現在とは大きく変わっていたと思われる。反面、明治４年ころでは当町の位置的価値がそれほど高かったことがうかがえる。北陸への交通路として極めて重要であったのである。

残念ながらこの構想は実現せず、京阪神は鉄道で結んだものの、敦賀との結びは長浜ー敦賀間の北陸線敷設となった。そして長浜ー大津間は琵琶湖を船便で結ぼうというもので、事実そのように鉄道敷設が進められた。長浜ー敦賀間の鉄道が開通したのが明治17年５月15日であり、この時売り出された敦賀ー大阪間の切符は、敦賀ー長浜間汽車、長浜ー大津間汽船、大津ー大阪間汽車となっている。長浜ー大津間に汽車が全線開通したのは５年後の明治22年７月となっている。

このような、明治年代前半の鉄道敷設経過からみても、海津ー敦賀間の鉄道敷設構想は十分あり得ることであった。もし当初の構想が実際に行われていたら、北陸線は最初から湖西廻りであり、北陸線と東海道線の分岐駅は京都になっていたかも知れない。

小浜鉄道・京北鉄道・近若軽便鉄道計画

明治17年北陸線が長浜ー敦賀間に敷設され、明治22年には湖東・湖南の東海道線が開通すると、鉄道はほとんど湖東廻りとなり、高島郡は取り残された形となった。

明治20年代も後半になると、私鉄敷設の計画が活発になり、いろいろな許可申請が出されている。

明治28年ころ、小浜鉄道計画として小浜ー今津間を結ぶ線、京北鉄道からは京都から途中越ー堅田ー今津ー海津ー敦賀を結ぶ計画が出されているが、許可は小浜鉄道案の小浜ー今津（追加大津まで）線に下りている。しかし経済状態が悪くなり起工には至らなかった。

その後も明治40年代になると、国内鉄道網の整備が進む中で高島郡は取り残された形となり、「湖西に鉄道を」の住民の声も高まっていた。国有鉄道敷設の請願は、中央政界でも県選出衆議院議員吉田虎之助らの奔走によって取り上げられ、実現１歩手前までいったが成功しなかった。

大正２年ころになると全国にローカル線的な軽便鉄道が民営で敷設されるケースが多くなり、湖西でも、坂本から湖岸を北上し、今津から三宅に出て、三宅で国鉄小浜線に連絡しようとするいわゆる「近若軽便鉄道」の計画が免許を受けている。この鉄道は蒸気鉄道として計画されていたが、結局これも起工までには至らず、大正７年３月に失効して計画倒れに終わってしまった。このころの国鉄小浜線は明治45年に建設決定されており、坂本までは琵琶湖遊覧電車軌道（現在の京津線石山坂本線）が延びていたので、この坂本ー三宅間に湖西廻り日本海側に通ずるローカル線として計画されたわけである。実現はできなかったものの、この構想は次の江若鉄道構想の土台となって生きてくる。

江若鉄道

せっかくの、「近若軽便鉄道計画」も日の目を見ないことが確実となると、郡内では「鉄道を」の声が一層燃えあがった。

大正７年９月には、安曇村の安原仁兵衛を会長に期成同盟を結成して、鉄道敷設促進運動が進められていった。時の知事・森正隆もこの鉄道敷設に積極的であったので、両者一体となって具体策を検討し、大津と三宅を結ぶ「江若鉄道」

の建設計画が出来上がった。
この計画は江（近江）・若（若狭）を結ぶもので、大津を起点に湖岸を北上し、今津から九里半越に沿って福井県の三宅と結ぶ75.3キロメートルに蒸気鉄道を敷設しようというものであった。
結果的には、江若鉄道は、大津ー今津間の完工でピリオドを打つのであるが、最初の計画は、このように日本海側まで貫通して、京阪神及び北陸との交流を可能にし、郡の発展を企図するものであった。
当時、高島郡は日本の鉄道網から取り残され、まったく陸の孤島的な存在であった。大津に出るにしても、海津からは５、６時間の太湖汽船の船旅を要し、少しでも湖面が荒れると交通途絶という状態にあったので、郡民の足を確保するためにも、また湖西各村の開発・観光客の誘致などにも陸上鉄道便を必要とし、郡民の悲願でもあった。
この計画について大正８年８月19日に免許が下り、いよいよ実現の第１歩を踏み出すことになった。大正９年１月24日正式に「江若鉄道株式会社」が発足、吉村鉄之助ほか100人が発起人として名を連ねていた。しかし資金が少なく、資本金400万円は住民有志の搬出にまたざるを得ない状態で、１株５円で各町村に割り当て、住民有志の拠金を期待した。郡では80万株が割り当てられたという。住民もまた悲願として鉄道敷設に協力し、１株・２株という零細拠出も多く、また１度に払い込みできないため、何回にも分けて拠出した。工事もまた、その集金の状況により逐次、線路を延ばすという苦肉の策がとられ、まず大津（三井寺下）を起点に大正９年８月から工事に着手した。
結局、今津まで到達するのに約10年の歳月を費やしているが、最初は三井寺下駅より北上し、和邇まで進んだところで三井寺下と浜大津を結んでいる。昭和６年１月１日ついに今津まで到達したが、今津ー三宅間は貫通するに至らなかった。
江若鉄道は浜大津ー今津間51キロメートルを単線で結び、駅は22駅であった。駅間の距離は、平均で2.4キロメートルと短かったのは、住民の便を考えたからであろう。単線のため対向列車の待ち合わせ時間もあり約２時間で今津ー浜大津間を結んだ。
旅客用にはガソリンカーが使われ、貨物運搬にはディーゼル機関車や蒸気機関車が貨車をけん引した。浜大津駅と国鉄膳所駅の間は線路で結ばれ、国鉄からそのまま乗り入れることも可能ではあったが、ガソリンカーの膳所駅乗り入れは果たせなかった。
のち太平洋戦争末期では、石油不足により木炭ガスを燃料として走ったこともあり、堤防などの坂道では乗客が降りて後押ししなければならない珍現象も起こった。
その後、国鉄湖西線の建設が本決まりになると、廃線のやむなきにいたり、バス輸送によって郡民の足を確保したこともあったが、国鉄湖西線の開通によって、事実上江若鉄道の鉄道部門は発展的解消を遂げたわけである。

市史、町史のまとめは編集部にて作成。

加悦鉄道

国鉄宮津線ホームから見た加悦鉄道のホーム。ホームには鳥居型の「加悦鉄道線のりば」の案内が立つ。キハ08は国鉄客車オハ62形からの改造車。登場以降、北海道で運用していた気動車で、窓は二重窓。車内が冷たくなる冬期に良かった。
◎丹後山田
1970年代
撮影：日暮昭彦

DB201。森製作所製の10t機で1953（昭和28）年製造。写真は貨物営業で現役時代の姿。その後、1972（昭和47）年から牽引する機会が見られなくなり、長年加悦駅に留置。加悦鉄道加悦駅構内に開園した加悦SLの広場で保存され、その後、移転先の加悦SL広場（のが付かない）でも保存を継続。動態保存もされてきた。
◎加悦
1960（昭和35）年７月23日
撮影：荻原二郎

荷台が名物だったキハ101。1936（昭和11）年製で片ボギー車。譲渡車両ではなく加悦鉄道の発注車両。ガソリンカーで登場し、後にディーゼル化されたが、写真は貴重なガソリンカー時代。1972（昭和47）年からは運用機会が無くなり加悦駅構内に留置され、DB201形と同じく、加悦SLの広場で保存されてきた車両で、その後、移転先の加悦SL広場でも保存。動態保存もされてきた。
◎加悦
1960（昭和35）年７月23日
撮影：荻原二郎

上の写真はハ20とハ21。明治の古典客車を昭和になって鉄道省から譲渡された客車がベースで、戦前に車体を新造。ハ21は加悦SLの広場や移転先の加悦SL広場で保存されてきた。加悦鉄道の社章は日本冶金工業と同じ。下の写真は同日撮影のハブ6。
◎加悦
1960（昭和35）年7月23日
撮影：荻原二郎
（2枚とも）

サハ3100形3104。元東急サハ3100形サハ3104を導入したが、大形で運用機会はあまり無く、早々に休車。側面の外板を取り除いて、加悦駅構内の加悦SLの広場の休憩所へ活用された。
◎加悦
1971（昭和46）7月27日
撮影：荻原俊夫

加悦駅舎の出入り口。◎加悦　1960（昭和35）年７月23日　撮影：荻原二郎

在りし日の加悦鉄道と加悦駅。加悦鉄道が主軸にしていたニッケル鉱石輸送が戦後の採掘中止で無くなり、加悦駅の先の専用線は撤去されていた（丹後山田駅と精錬所を結ぶ専用線は当時現役）。写真右側に写る駅舎は廃線後も保存され、現在も移築修復を行って町の文化財として現存する。◎加悦　1960（昭和35）年７月23日　撮影：荻原二郎

『宮津市史』に登場する丹後鉄道

丹後鉄道舞鶴・宮津間の開通と天橋立駅の設置

天橋立への遊覧客の増加を加速したのは、大正13年4月の丹後鉄道舞鶴・宮津間の開通、そして翌年7月の天橋立駅の設置である。

丹後鉄道舞鶴・宮津間開通以前の天橋立への交通手段と所要時間をみてみよう。舞鶴へは京都からは山陰線の直通列車で約3時間半、大阪からは約5時間。舞鶴からは陸路と海路がある。海路の場合、舞鶴港から鉄道省の連絡汽船便があり、1時間40分で宮津港に到着。汽船賃は2等93銭、3等45銭。陸路の場合は、徒歩および自動車があるが、自動車賃は2円。宮津からも陸路と海路があり、橋立廻遊船株式会社による小汽船連絡便は、宮津発文珠・一ノ宮行朝6時45分を始発に午前4便、午後3便、文珠発一ノ宮行が午前3便、午後4便、一ノ宮発文珠・宮津行が午前3便、午後4便、文珠発宮津行が午前4便、午後3便があり、一ノ宮発宮津行の3便、文珠発宮津行の3便が宮津から舞鶴行の橋立丸に連絡できるようになっていた。宮津から文珠への運賃は11銭であった。なお、大正11年5月には岩滝町の3年にわたる陳情の結果、宮津・岩滝間汽船の夜間航海が開始された。これにより、午後8時10分宮津着の橋立丸に連絡して岩滝方面への航海が可能になった。ただし、海路の場合、天候に左右され、欠航もままあった。したがって鉄道の宮津およびその先への延長は宮津市域の人々の悲願であった。

丹後鉄道舞鶴・宮津間の開通については、大正11年には舞鶴・峰山間の路線が固まりつつあった。大正11年12月、養老村など天橋立北部の10村の村長（養老、世屋、野間、伊根、日ケ谷、筒川、本庄、日置、府中、朝妻）が丹後鉄道「天橋立駅」設置の請願書を若林賚蔵京都府知事、鉄道大臣、敦賀建設事務所長に提出している。これらの史料によれば、この時、すでに宮津町ほか12か町村代表者の請願も鉄道大臣等に送られていたらしい。おそらく天橋立南部の12か村と北部の10か村それぞれ独自に「天橋立駅」設置運動を展開したと思われる。

大正13年4月の丹後鉄道舞鶴・宮津間の開通の結果、舞鶴・宮津間連絡船は廃止になり、この時由良川に長大な鉄橋が架けられることになる。翌年には、峰山までの延長工事がなされ、請願運動の成果として天橋立駅が設置され、7月31日に営業を開始する。

丹後鉄道舞鶴・宮津間が開通した時、地元の人々は率直に喜びを表明した。山本三省与謝郡長は、天橋立への遊覧客激増を予想するとともに、四季を通じての遊覧客増加に期待を表明した。山本郡長によれば、これまで宮津は春から夏にかけて遊覧客があり、冬は海が荒れて雪が深いために冬ごもりするしかなかった。しかし、京都府立第二中学校校長中山才次郎が大江山と成相山に絶好のスキー場を発見し、前年（大正12年）よりスキーの練習場をつくっているが、与謝郡役所としても成相山スキー場を奨励していきたい、と。また、大森清四郎由良村長も、天橋に次ぐ遊園地として設備を創設することを新聞紙上で語った。大森村長によれば、今年の夏は理想的海水浴場を開設する予定で、場所は由良川が海に注ぐところで、3か所の脱衣場を設け、水中には浮標を浮かべて安全地帯を示し、数名の海水浴場監理者を置いて万一の危険に備える、旅館のないのが難点であるが、応急施設として民家の部屋を開放し、簡単な自炊ができるように村役場が指定人に補助を与え、価格を監視して廉売をおこなう、団体には暑中休暇中を限り小学校の解放もいとわない、その他魚釣り、秋の松茸狩り、など由良を訪れる観光客の便宜を図ることを語った。

（中略）

丹後鉄道株式会社の頓挫

京都府での鉄道敷設運動は、舞鶴に鎮守府を設置することが決まった明治22（1889）年からみられたが、25年6月の鉄道敷設法公布前後から本格化する。26年7月12日には、小室信夫・田中源太郎・浜岡光哲・膳平兵衛・中村栄助を創立委員として、京都から舞鶴を経て宮津に至る鉄道敷設をめざして京都鉄道株式会社設立申請が出された。京阪神から舞鶴に達する路線については、当初京都からの京鶴線を兵庫県土山からの土鶴線が敷設認可を争っていた。ところが、土鶴線が途中で大阪財界の大立者で丹後国竹野郡出身の松本重太郎等が計画した大阪から福知山経由で舞鶴に達する阪鶴線に姿を変え、同じく大阪財界の岡橋治助・弘世助三郎のグループが推していた大阪から園部・綾部を通って舞鶴に至る摂丹鉄道を加えて、3社が競合することとなった。結局27年5月、鉄道会議で京都鉄道に京都・綾部・舞鶴間、舞鶴・宮津間、綾部・福知山間、福知山・和田山間が許可され、京鶴線の勝利に終わった。この結果丹後における鉄道敷設運動は、当面舞鶴・宮津間については京都鉄道株式会社による敷設に任せ、宮津・城崎（豊岡）および宮津・福知山間の敷設運動が中心となった。

とくに宮津での鉄道敷設の動きは、宮津港の特別輸出港指定から本格化する。宮津港の発展には後背地との交通路の整備が不可欠とみられたためである。まず宮津港が特別輸出港に指定された直後の明治26年5月、京都府技師の島田道生を招き宮津・福知山間の鉄道線路の測量に着手した。同年7月には、宮津町を代表して町会議員前尾庄助が東上し神鞭知常代議士を通じて所管庁へ鉄道敷設を求め、翌年2月には、宮津町長黒田宇兵衛・三上藤兵衛・宮城宗七・三井長右衛門・今林仲蔵・福田嘉左衛門・白楫棟助の発起により「鉄道期成同盟会」を組織した。29年1月27日には、寺田惣右衛門ほか37人の連名で「丹後鉄道株式会社創立願」を白根専一逓信大臣に提出し、6月18日仮免状が下付された。

以上のような経緯を経て明治29年12月、神鞭知常の主導で宮津・城崎間の鉄道敷設をめざす丹後鉄道株式会社が発足した。資本金は150万円で、直ちに株式募集に着手した。発起人をみると、与謝郡岩滝村出身で当時貴族院議員に勅選されていた小室信夫の他、神鞭の政敵ではあるが神鞭にとっては官界への扉を開いてくれた恩人でもある星亨も加わっていた。また京都市の縮緬商・呉服商も多数参加していた。丹後鉄道株式会社は、宮津港の運輸の便を図る貿易振興策であると同時に、京都への縮緬輸送路としても期待されていたのである。神鞭は多忙でみずから経営に乗り出すことはできず、大蔵省時代の同僚で国家経済会でも同志であった寺師宗徳が創立委員長、次いで社長に就任した。

しかし日清戦後の不況のために、京都鉄道会社の鉄道敷設は明治32（1899）年8月に京都・園部間の営業を開始したところで行き詰まり、園部以北については中断してしまった。丹後鉄道株式会社も同年5月5日に臨時株主総会を開き解散を決議し、免状を返納した。こうした状況を憂えた宮津町の宮福鉄道期成同盟会惣代宮城宗七・今林喜一・倉内市蔵、南港準備会惣代黒田宇兵衛・三上政吉・石井与治右衛門の6人は、阪鶴鉄道の福知山から宮津への延長を同社に働き掛けた。阪鶴鉄道株式会社は、同年7月に大阪・福知山間の開通を果したが、以上のような情勢に鑑み同年12月11日に「阪鶴鉄道福知山駅ヨリ舞鶴、宮津ニ達スル線路ノ儀ニ付上申書」を提出し、福知山・舞鶴間および福知山・宮津間の鉄道敷設の免状下付を求めて運動を開始した。さらに同社は社長南清の名前で33年7月、「福知山駅ヨリ舞鶴・宮津ニ達スル線路布設ノ義ニ付緊急稟請書」を逓信大臣芳川顕正宛に出したものの、結局これは認められなかった。大阪商業会議所も同年12月、同趣旨の「大阪舞鶴并ニ宮津線鉄道速成ニ関スル意見開申書」を伊藤博文首相宛に提出しており、政府の認可さえ下りていれば、日清戦後の時点で資本力に優る大阪財界によって丹後に鉄道敷設が実現した可能性が高い。

日露戦争後の鉄道敷設運動

日露戦後になると、軽便鉄道や電気鉄道による宮津・福知山間の鉄道敷設構想が練られた。まず明治39年12月1日、宮津・福知山間に電気鉄道を敷設しようと、宮津町長山本浅太郎、三井長右衛門、三上勘兵衛、黒田宇兵衛、宮城宗七、田中甚三郎の6人が大阪に出向き、大林芳五郎（大林組の創業者）等の有力者に会見し協議・依頼をおこなった。明治40（1907）年2月には、宮津実業協会の主唱で宮津電気鉄道株式会社の創設に着手し、大阪市電気局技師杉山工学士の設計で予算170万円に上る発起願書を提出した。しかし日露戦後の恐慌の発生などの悪条件が重なり、電気鉄道敷設計画は頓挫した。

他方、宮津町の医師中川雄斎等はその後も宮津・福知山間鉄道敷設運動を続け、同年12月岡田泰蔵代議士を通じて内閣および貴衆両院へ「宮津福知山間鉄道急設請願書」を提出、翌年3月衆議院はこれを可決した。こうした熱心な活動を背景に、4月には郡内一致して運動を進めるために丹後鉄道急設期成同盟会が組織され、津原武、三井長右衛門、松本砂、原弥生、上家祐吉、井上治兵衛、川勝原三、白須重右衛門、戸田仙治郎、品川万右衛門が委員に選出された。その後も43年3月に、中川雄斎ほか7638人による「宮津貿易港竝宮津福知山間鉄道速成ノ請願」が、44年1月と翌年1月にも中川雄斎による同様の請願が貴衆両院に提出され、運動は執拗に続けられた。この間、43年には後藤新平鉄道院総裁一行が来津、官民こぞって鉄道敷設を懇願する一幕もあった。

北丹鉄道

森製作所製のDLC形DLC1。DLC1の下回りはC形タンク機のもので、ディーゼルエンジンと組み合わせてディーゼル機関車を仕立てる森製作所が得意とした製法だ。ワム24137とハ12を連結。貨車はワやワフではなくワム24137の表記が見られる。プラットホームに「ほくたんせんのりば」と記された鳥居型の案内板が立ち、国鉄福知山駅１番ホームの西端に発着した。
◎福知山　1961（昭和36）年７月11日　撮影：荻原二郎

ほくたんせんのりば
FOR HOKUTAN LINE

ハ12形ハ12。一畑電気鉄道広瀬線が1960（昭和35）年に廃止。同線のサハ4を譲受。2軸車で軸受が台枠に直接付いていた。
◎福知山
1961（昭和36）年7月11日
撮影：荻原二郎

国鉄の福知山駅に隣接した北丹鉄道。当時の国鉄福知山駅はもちろん地上時代で、山陰本線や福知山線も非電化時代。奥に国鉄のキハ58系が写るが、キハ58系がとても新しく見えるほど、北丹鉄道ハニ11の古さが際立った。南海の木造郵便合造車モハユ751を客車化し、キハに連結して運用した。屋根に貼った布の下にはダブルルーフが隠れている。次のページ上の写真はダブルルーフ全体が布で覆われる前の様子。
◎福知山　1960年代
撮影：齋藤 晃
下の写真
福知山
1961（昭和36）年7月11日
撮影：荻原二郎

簡素な駅舎に地面と見分けが付かないホーム。途中駅のホームは、福知山西駅以外はこのようなホームだった。北丹鉄道の駅舎のある駅は、本社屋を兼ねた駅舎の福知山西駅と終着河守駅、そしてこの下天津駅だった。簡素でも駅舎のない駅よりは良かったかもしれない。写真右側に行き違いができた線路跡と対向ホーム跡があり、放置状態だ。戦中は駅の先から由良川への砂利採取線が分岐して、軍需の砂利輸送で活況を呈した時代もあった。写真には写っていないが、駅の端に製材所への側線が敷かれていた。
◎下天津　1960年代
撮影：齋藤 晃

公庄駅を発車したキハ102（2代目）＋貨車の福知山行。キハ102（2代目）は元国鉄キハ04形で譲渡車両。写真左側に写るのは国道175号と商店。公庄駅から下天津駅方面へ向けて走り始めたあたり。北丹鉄道公庄駅跡は、現・京都丹後鉄道宮福線公庄駅の駅前に位置する。
◎公庄
1960年代
撮影：齋藤 晃

荒河橋梁を渡るキハ102＋貨車。ガーダー橋を渡る音が聞こえてきそうな鉄道風景。北丹鉄道の撮影のハイライトとも言える撮影地。由良川と荒河の合流付近で、現在は排水機場設置や流路変更で風景が変化している。
◎福知山西～下川
1960年代
撮影：齋藤 晃

【解説】

辻 良樹（つじ よしき）

1967年滋賀県生まれ。東京で鉄道関係のPR誌編集を経てフリーの鉄道フォトライターに。現在は滋賀県を拠点に著作。著書に『関西 鉄道考古学探見』（JTBパブリッシング）、『日本の鉄道 150年史』（徳間書店）のほか、『北海道の廃線記録』シリーズ各編（フォト・パブリッシング）、『京阪電気鉄道 沿線アルバム』（アルファベータブックス）など。近江鉄道を長年研究する。2023年の春から朝日新聞滋賀版にて滋賀の鉄道に関するコラムを連載。

【写真提供】

井口悦男、裏辻三郎、江本廣一、荻原二郎、荻原俊夫、齋藤 晃、園田正雄、髙山禮蔵
田谷惠一、西原 博、野口昭雄、日暮昭彦、安田就視、吉村光夫
朝日新聞社

電動貨車のデワ101形デワ101。電動貨車は叡山線デワ101形と嵐山線フモ501形があった。
◎宝ケ池付近
1969（昭和44）年7月7日
撮影：田谷惠一

京都府・滋賀県の私鉄
昭和～平成の記録

発行日……………………2023年12月5日　第1刷　※定価はカバーに表示してあります。

著者………………………辻 良樹
発行者……………………春日俊一
発行所……………………株式会社アルファベータブックス
〒102-0072　東京都千代田区飯田橋 2-14-5 定谷ビル
TEL. 03-3239-1850　FAX.03-3239-1851
https://alphabetabooks.com/

編集協力…………………株式会社フォト・パブリッシング
デザイン・DTP ………柏倉栄治
印刷・製本……………モリモト印刷株式会社

ISBN978-4-86598-903-8　C0026